Wo Hamburg am schönsten ist

Wo *Hamburg* am schönsten ist

Karin Baron

Ellert & Richter Verlag

Inhalt

Für Ulli, der mich nach
Hamburg lotste.
Und für Marie und Sophie,
die mir das Ankerwerfen
so leicht gemacht haben.

Vorwort

Hamburg. Da wollte ich immer schon mal hin. Als Touristin auf Stadtsafari, als Städtereisende mit Blick von außen. Ganz so, als ob ich nicht selbst seit 30 Jahren in meiner Lieblingsstadt lebte. Ich wollte mir endlich einmal wieder Zeit für sie nehmen. Genauer hinschauen. In Ruhe und mit offenen Augen durch die Gegend bummeln.
So vieles lässt man links liegen im Alltag, fährt immer nur dran vorbei, nimmt es für selbstverständlich. Oder man bleibt gleich ganz im eigenen Viertel. Dabei ist es so inspirierend nachzusehen, was sich in der einen oder anderen Ecke jenseits davon tut. Wie Urlaub in der eigenen Stadt: Neues entdecken, Vertrautes wiedersehen, andere Wege gehen. Und, weil alles quasi um die Ecke liegt, abends im eigenen Bett schlafen. Obwohl: Mancher Ort wäre glatt einen Seitensprung wert.
Licht, Luft und Wasser, Wasser, Wasser ... Was ist schon eine Stadt ohne Wasser? Nicht fertig. Unvollständig. Etwas fehlt. Es zieht einen, man weiß nicht so genau, wohin.

In einer solchen Stadt bin ich geboren, irgendwo im deutschen Südwesten. Kein Wasser, nirgends. Selbst der Burggraben ums großherzogliche Stadtschloss wird nur bei Regen nass. Wo soll man da auslüften, wo frische Luft tanken? Wo gibt's ein paar Hundert Meter Luftlinie weit einfach mal nur Licht, Luft, Horizont? Ohne echtes Ziel läuft man durch die Gegend. Bisschen Marktplatz, bisschen Geschäfte, ein Rest Stadtmauer, viel Wald. Einziger „wet spot" mit nichts als Himmel obendrüber: das Naturschwimmbad aus den 1920er-Jahren, eine bessere Pfütze und außerdem umzäunt. Eintritt kostet es natürlich auch.
Also sehnt man sich. Nach Mee(h)r. Nach einem Ziel für Kopf und Füße ...
Mancher jedenfalls.
„Hamburg? Bist du verrückt, da regnet's doch nur." So reagierten Freunde aus der alten Heimat, als ich seinerzeit die Absicht kundtat, nach Hamburg zu ziehen. Die Ahnungslosen. Auch wenn ich zugeben muss, dass es sich bei meinem ersten Kauf nach dem Umzug – Januar 1987 am Bahnhof Altona – um ein Paar gefütterter Gummistiefel handelte. Graublau, wie der Himmel damals. Mit einem aber hatten sie recht: Das Wasser ist es, was Hamburg noch immer für mich ausmacht. Ein bisschen was davon kommt in der Tat von oben, geschenkt. Der ganze Rest jedoch, der wunderbare graubraunblaugrüne Rest liegt einem zu Füßen und spiegelt den Himmel. Auf circa 60,5 Quadratkilometern des Stadtgebiets. In Form von leise plätschernden Wellen unter den Weiden an der Alster. Als Brandung am Elbufer, wenn die Bug- und Heckwellen der Containerschiffe, Kreuzfahrer und kraftstrotzenden

Schlepper an Land spülen und britzelnd über das Ufergestein zurückfließen. Gefühlt als See mit 1960er-Jahre-Flair rund um die Billerhuder Insel.
Was kann schöner sein, als in der Morgensonne auf der Alster zu segeln oder mit dem Ruderboot unterwegs zu sein, während der brausende Berufsverkehr sich anfühlt wie ein sehr fernes Geräusch? Was ist entspannender, als auf dem Blankeneser Schiffsanleger „Op'n Bulln" zu sitzen, ein Glas Rot- oder Glühwein vor sich, je nach Jahreszeit, und bei chilliger Musik dem Sonnenuntergang hinterherzuschauen?
Egal, in welchem Aggregatzustand sich die Hamburger Gewässer befinden, unaufgeregt im Hier und Jetzt, aufgewühlt im Sturm oder „on the rocks" mit meterhoch aufgetürmten Eisschollen am Ufer: Sie bilden immer ein Ziel. Licht und Luft gibt's gratis dazu. Und das bisschen Schietwetter? Kann man getrost vergessen. Gummistiefel sind die High Heels des Nordens. Lässig, bequem, entspannt. Wie die Stadt.
Hamburg, eine Liebe, die schon mein halbes Leben hält.

Karin Baron

P.S.:
Zehn Monate vor meinen ersten Hamburger Gummistiefeln, noch als Touristin, hatte ich am Gänsemarkt schon einmal etwas erstanden: eine Sonnenbrille.

P.P.S.:
Und nein, Hamburg liegt nicht an der Nordsee.

Imponiergehabe mit Understatement

Zwischen Fleetinsel, Börse und Binnenalster

Mein erster Besuch in Hamburg fand 1977 statt. Eine Hochzeit in der Verwandtschaft, erst Trauung im Michel, dann mit der Barkasse ins Alte Land und dort bei Niedrigwasser – wegen Verspätung – die Metallleiter an der Spundwand hoch. Selbstverständlich im Abendkleid. Morgens gegen halb fünf zurück in den Hamburger Hafen, an Bord ein Schifferklavier, zu dem wir lauthals sangen. Das war der gemütliche Teil. Ich war 19, hatte frisch das Abi in der Tasche und hätte nichts dagegen gehabt, mir auch umgehend einen Hamburger Jung zu angeln. Die Stadt selbst fand ich einen Tag später beim Sightseeing trotz Sonnenschein zwar imposant, aber auch ziemlich einschüchternd. Und distanziert. Das gewaltige Rathaus, norddeutsche Neo-Renaissance mit grünem Kupferdach. Die ehrfurchtgebietenden Patrizier- und Geschäftshäuser zu beiden Seiten der Binnenalster, die gar nicht mehr aufhören wollten. Das Hanseatische insgesamt. Damals war mir Hamburg schlicht eine Nummer zu groß und ich zehn Jahre zu jung. Letzteres hat sich mittlerweile gelegt und das mit dem Hamburger Jung hat überraschend auch geklappt. Dank ihm habe ich mich eingegroovt in der Hansestadt. Seit ich Berlin zu Fuß erwandert habe, ist Hamburg mir nicht mehr zu groß. Das Rathaus samt dem gleichnamigen Marktplatz, der sich in seiner Architektur am venezianischen Markusplatz orientiert, erschlägt mich nicht. Und die hanseatische Distanziertheit ist kein bisschen kühl, sondern einfach nur angenehm diskret.

In der City allerdings bin ich auch heute nicht allzu oft unterwegs, und wenn, dann quasi punktuell. Eine Verabredung im Alsterpavillon. Eine Ausstellung im Bucerius Kunstforum oder der Galerie der Gegenwart mit ihrem wunderbaren Museumsshop. Maximal eine halbe Einkaufspassage. Ansonsten: Zu viel Gerenne und Gebrause im Ampeltakt, zu viele Jung-Pinguine in Anzug und Krawatte unterwegs. Die Edelklamotten von Prada & Co. sind nicht meine Welt und die weniger edlen finde ich auch bei mir um die Ecke.

Zum Glück aber gibt es noch die kleinen, feinen Geschäfte, die ihr ganz besonderes Programm haben, statt in Reih und Glied einer global agierenden Kette zu tanzen. Wobei sich das „klein" nicht in der Anzahl der Quadratmeter bemisst. Diese Individualisten mit ganz eigener Tradition sind immer einen Besuch wert. Ein solches Geschäft, oder eher eine kulturelle Institution, ist seit über neun Jahrzehnten die Buchhandlung Felix Jud, die als eine der schönsten Europas gilt. In Oxford möchte man sie verorten oder in Cambridge, doch auch die Lage am Neuen Wall am Eingang zur Mellin-Passage steht ihr gut zu Gesicht. Gediegen britisch von innen, ein Hauch französisches Flair von außen, die hohen

Glasfenster gerahmt von den typischen schmalen Holzeinfassungen in mattem Schwarz. Was ist schon Amazon dagegen? Heiße Luft, ein virtuelles Konstrukt ohne Substanz. Fast traut man sich nicht hinein in so viel Kulturhoheit zum Anfassen. Das hauseigene Antiquariat bietet Bücher mit Patina: wertvolle Erstausgaben, illustrierte Märchenbücher aus vergangenen Zeiten, Objekte für Liebhaber. Außerdem handelt man mit Grafik und stellt Künstler aller Sparten aus, den Bildhauer Georg Schulz zum Beispiel mit seinen wunderbar kauzigen Archetypen unserer Zeit. Buch-Bestseller? Na, gut, weil's eben zum Geschäft gehört. Eigentlich mag man die Buchhandlung Felix Jud mit etwas derart Profanem gar nicht belästigen.
Einer dieser besonderen Orte ist auch die Schmuckgalerie Hilde Leiss am Großen Burstah. Je weiter man sich hineinbegibt in ihren verschachtelten Kosmos nahe der Hamburger Börse, umso aufregender wird es. Unwillkürlich beginnt der Blick zu irrlichtern zwischen großformatigen Ketten, Armbändern, Ringen, an denen man unmöglich vorbeischauen kann. Die Materialien sind so zahlreich wie ungewöhnlich: Papier, Leder, Metallgespinste, Muscheln, Horn, armdicke Perlenstränge. In einer Vitrine die Kreationen des gebürtigen Vietnamesen Sam Tho Duong aus Tausenden von Perlen, die sich zu Stachelkugeln geballt an eine Alge zu klammern scheinen; grazil wie Seeanemonen in der Meeresströmung schlagen sie mich besonders in ihren Bann, und ich überlege schon, zu welchem kleinen Schwarzen ... Dazu extravagante Mode, internationales Kunsthandwerk, filigrane Objekte, die zu fliegen scheinen, neben schweren gläsernen Schalen

oder Vasen mit einer Ausstrahlung wie zu Eis erstarrt. Stunden könnte ich hier verbringen und immer wieder Neues entdecken – mit anschließendem Wunschzettel-Schreiben.
Wenigstens zwei Stunden kostet mich auch – oder schenkt mir? – ein Besuch im oberen Teil der Admiralitätstraße auf der Fleetinsel, wo die Kunstgalerien dicht an dicht liegen. Mittendrin, in einer ehemaligen Lagerhalle, Sautter + Lackmann. Auch hier wird Kunst groß geschrieben, allerdings wortwörtlich in Buchform. Von Architektur bis Produktdesign, von Mode bis Fotografie, von Archäologie bis Webdesign reichen die Themengebiete der Fachbuchhandlung. Es riecht förmlich nach Buch, und die schwarzen Regale sind bis unter die Decke so reich bestückt, dass man schon ohne ausgiebiges Blättern sehr lange beschäftigt ist, will man auch nur einen groben Überblick bekommen. Wer hier kein Geschenk findet für seine Lieben oder sich selbst, dem ist nicht zu helfen. Üppige Bildbände neben den englischsprachigen Wallpaper City Guides für die Handtasche, Ausstellungskataloge neben Nachschlagwerken, Graphic Novels neben Lese- und Bilderfutter für Kinder, und zwar jenseits von Pferde- oder Gregs Tagebüchern. Die zauberhaft illustrierte „Geschichte von Mademoiselle Oiseau" zum Beispiel. Oder der „Atlas der Abenteuer mit Weltkarten" für aufgeweckte Tagträumer.
Bei drohender geistiger Erschöpfung liegt die Rettung gleich um die Ecke. Im „Marinehof" oder der „Erste Liebe Bar" mit ihrem stylishen Soho-Ambiente (raumhohe gusseiserne Säulen!) kann man beim Cappuccino genüsslich in den neuen Schätzen stöbern. Drinnen oder draußen.

Ein Wort noch zum Alsterpavillon, heiß geliebte und viel geschmähte Hamburgensie und eines der bekanntesten Kaffeehäuser der Welt. Als einziges Gebäude an der Binnenalster hat er mich bei meinem ersten Hamburg-Besuch 1977 nicht eingeschüchtert. Zum einen stapelt er mit seinem Flachdach eher tief, und man kommt sich neben ihm nicht so klein vor wie vor dem ganzen Rest, zum anderen wirkt der 1950er-Jahre-Baustil eher leicht und luftig als solide und gediegen. Natürlich hatte ich damals keine Ahnung, dass es bereits der sechste Alsterpavillon an dieser Stelle war und die Vorläufer keineswegs so leicht daherkamen. Die Idee zum ersten hatte 1799 ein französischer Adliger, der – auf der Flucht vor Revolution und Guillotine in seinem Land – Hamburg zugleich mit dem ersten Eiscafé Europas beglückte. Begeistert wurde der Holzbau mit Alster-Panoramablick von jenen Bürgern angenommen, die sich das Dinieren dort leisten konnten. Der französische Vicomte hingegen verlor schon nach zwei Jahren die Lust an seinem Geschäft und verkaufte.

Mittlerweile thront an dem exponierten Standort am Jungfernstieg Version 6.1, die ihre halbrunde Form mit dem für die 1950er-Jahre typischen Flachdach bis heute behalten durfte. Für Alsterpavillon-Verhältnisse durchaus ungewöhnlich, denn die Halbwertzeit der vorangegangenen Modelle war quasi im Zeitraffer zusammengeschnurrt. Immer wieder hatte man den Pavillon abgerissen, da er entweder zu klein geworden war, der Verbreiterung des Jungfernstiegs zum Hamburger Prachtboulevard im Weg stand (wie die tempelartige Nr. 3 mit ihren voluminösen Lüstern und Spiegeln) oder den Bürgern

als zu hässlich galt. „Kachelofen“ nannten die einen despektierlich die trutzige Nr. 4 mit ihren fassartig gewölbten Markisen und dem üppigen Palmenschmuck, hinter dem Menschen meines Alters unwillkürlich den Sarotti-Mohr vermuten würden; andere wiederum halten sie für den schönsten Alsterpavillon, den Hamburg je hatte. In der eleganten Nr. 5, die 2000 Gästen Platz bot, gastierten nicht nur internationale Spitzenorchester der 1920er- und 1930er-Jahre, auch die unter den Nazis verbotene „Swing-Jugend“ traf sich hier. Pavillon 5 fiel zur Abwechslung nicht den Hamburgern selbst zum Opfer. Ihm haben 1942 britische Bomben ein Ende bereitet. Insofern galt der jetzige Pavillon von 1952 nach dem verheerenden Zweiten Weltkrieg auch als Symbol dafür, dass die Deutschen den Genuss wiederentdeckt hatten. Dem frönen sie seit seiner Restaurierung 1992–94 weiterhin. So schnell aber kann dem runderneuerten Pavillon Nr. 6 nichts mehr passieren. Seither genießt er Denkmalschutz.
Nicht nur im Alsterpavillon, in der gesamten City tummelt sich internationales Publikum aus Europa und Asien. Amerikaner? Eher Fehlanzeige. Warum eigentlich haben die Hamburg nicht auf dem Schirm? Kreuzfahrt-Terminals gibt es ja nun genug. Wieso zieht es Linda und Kenneth eher Richtung Hofbräuhaus oder Neuschwanstein als auf die Fleetinsel zwischen Herrengraben- und Alsterfleet? Mehr Schnörkel? Mehr Folklore? Mehr Märchenkönig & Konsorten?
An mangelndem weltstädtischen Flair kann es nicht liegen. Die luftigen Alsterarkaden bei der Kleinen Alster, die Hotelpaläste „Vier Jahreszeiten“ und „Atlantic“ mit ihren grün oxidierten Kupferdächern,

die Hapag-Lloyd-Zentrale an der Binnenalster, die Weiße Flotte plus Fontäne, attraktive Einkaufspassagen und Flaniermeilen, das stuckgeschmückte „Café Paris“ in den Räumen einer ehemaligen Schlachterei an der Rathausstraße – alles da. Und die 1558 gegründete älteste Börse Deutschlands mit ihrem Säulenschmuck über zwei Etagen residiert gleich neben dem Rathaus. Beziehungsweise das Rathaus neben ihr, denn die Börse war zuerst da. Vorher an der Trostbrücke beheimatet, zog sie 1841 in den klassizistischen Neubau an dieser Stelle um. Von ihrer imposanten Fassade lasse man sich nicht abschrecken, sondern trete beherzt ein, sonst verpasst man womöglich das Beste. 25 Meter hoch und 664 Quadratmeter groß ist der mittlere Börsensaal der Handelskammer, der mit luftiger Ausstrahlung überrascht. An englische Wedgwood-Keramiken erinnern die graublauen Wände mit den dreistöckigen weißen Arkaden und dem fein ziselierten Fries darüber, geerdet allein durch die massiven Säulenreihen zum angrenzenden Commerzsaal.
Mit dem Rathaus wiederum ist es in Hamburg ähnlich wie mit dem Alsterpavillon: Es ist schon die Nr. 6. Allerdings haben die Standorte gewechselt. Am jetzigen Platz steht es seit 1893. Einen XXL-Weihnachtsbaum auf der Binnenalster und einen bayerischen Trachtenladen direkt daneben haben wir hier auch. Okay, die Alstertanne ist vielleicht nicht so groß wie die von der New Yorker 5th Avenue, aber damit passt sie zur Umgebung. Den Turmbau zu Babel hat man hier einfach nicht nötig.

Felix Jud | *Buchhandlung, Antiquariat, Kunsthandel*
Neuer Wall 13, 20354 Hamburg, T. 040 343485, www.felix-jud.de
In der historischen Mellin-Passage finden Sie eine der schönsten Buchhandlungen Europas, gegründet 1923.

Hilde Leiss | *Galerie für Schmuck*
Großer Burstah 38, 20457 Hamburg, www.hilde-leiss.de
In einem hanseatischen Kontorhaus sind Unikate von Hilde Leiss und anderen international bekannten Kunsthandwerkern zu bewundern.

Sautter + Lackmann | *Fachbuchhandlung*
Admiralitätstraße 71,
20459 Hamburg
T. 040 373196
www.sautter-lackmann.de
Die Kunstbuchhandlung im Herzen von Hamburg – auf der Fleetinsel, nur fünf Minuten vom Jungfernstieg.

Marinehof | *Restaurant*
Admiralitätstraße 77, 20459 Hamburg, T. 040 3742579
www.marinehof.de
Das Restaurant auf der Fleetinsel im „Neidlingerhaus" von 1885/86 an der Ecke zur Michaelisbrücke ist ein beliebter Treffpunkt.

Erste Liebe Bar | *Bistro*
Michaelisbrücke 3, 20459 Hamburg
www.ersteliebebar.de
Genießen Sie Frühstück oder Mittagspause auf der Fleetinsel mit Blick durch den Neuen Wall bis zur Alster (abends relativ früh geschlossen).

Bucerius Kunst Forum | *Museum*
Rathausmarkt 2, 20095 Hamburg, T. 040 3609960
www.buceriuskunstforum.de
Ausstellungshaus der ZEIT-Stiftung Ebelin und Gerd Bucerius, jährlich drei bis vier Ausstellungen von der Antike bis zur Gegenwart.

Galerie der Gegenwart | *Museum*
Glockengießerwall 5, 20095 Hamburg, T. 040 428131-200
www.hamburgerkunsthalle.de
1997 als Ausstellungsfläche für die zeitgenössische Kunst eingerichtet. Großartiger Blick auf Stadt und Alster vom Café-Restaurant The Cube.

Alsterpavillon | *Café*
Jungfernstieg 54, 20354 Hamburg, www.dein-alex.de/hamburg
Reservierung über Homepage
Sechstes Café an diesem Standort, das erste wurde am 20. August 1799 von dem Franzosen Augustin Lancelot de Quatre Barbes eröffnet.

Café Paris | *Bistro*
Rathausstraße 4,
20095 Hamburg
T. 040 32527777
www.cafeparis.net
Genießen Sie „Tartar du chef", eine Bouillabaisse oder einfach einen Café au lait in Jugendstilräumen von 1882.

Handelskammer
Adolphsplatz 1, 20457 Hamburg, www.hk24.de
Gratis-Audioguide für einen halbstündigen Rundgang kann im Foyer ausgeliehen werden. Besonders sehenswert: der mittlere Börsensaal.

Welterbe im Klinker-Look

Kontorhausviertel und Speicherstadt

Repräsentative Bauten in guten Geschäftslagen, Eingänge mit Einschüchterungspotenzial, Treppenhäuser von gediegen bis prunkvoll. Wo könnte die alte Hansestadt hanseatischer sein, wo mehr Selbstbewusstsein verströmen als im Kontorhausviertel, dem Zentrum der Geschäftstüchtigkeit? Traut man sich da überhaupt über die Schwelle, so ganz ohne vielversprechendes Geschäftsangebot in der Hinterhand? Oder wenigstens die offiziöse 500-Euro-Business-Bag unterm Arm, zur Tarnung?
Schon tauchen sie auf vorm inneren Auge, die Ärmelschoner und Nickelbrillen der Buchhalter von anno dazumal, den braven Verwaltern der Gediegenheit. Die blauen Zweireiher in den Chefetagen, Sinnbild der Seriosität und des wirtschaftlichen Erfolgs. Thomas Manns „Buddenbrooks“, in Hamburg so selbstverständlich zu Hause wie in Lübeck. Der Ehrbare Kaufmann will einem einfallen, Leitbild für verantwortliches unternehmerisches Handeln, vor dem man selbst zu schrumpfen scheint, klein und unbedeutend wird in diesen heiligen Hallen des Ge-

schäfts, das damals noch nicht Business hieß. Hilfe! Hätte ich doch wenigstens meinen dunkelgrauen Hosenanzug an statt der ollen Jeans!
Eben das war und ist der Zweck der imposanten Fassaden, Eingänge und Treppenhäuser in der Hamburger Innenstadt. Beeindrucken wollen sie. Kleinmachen. Spielend gelingt es ihnen, obwohl die feine Adresse nur Trompe-l'œil ist, schöner Schein, der seriöse Anstrich eine Leihgabe: Wer in einem Kontorhaus seinen Firmensitz hat, sitzt nicht (immer) auf fetten Pfründen, sondern zunächst einmal zur Miete! Andersherum machen erst die gewerblichen Mieter das Gebäude zum Kontorhaus. Mehrere müssen es schon sein, sonst gilt's nicht.
Kleine Geschichtsstunde vorweg: Bis Ende des 19. Jahrhunderts war Hamburg Stadtstaat. Das ist es auch heute noch, doch seinerzeit war das „Staat" im Sinne von Nationalstaat zu verstehen. 1871 wurde die „Nation" Hamburg Mitglied im neu gegründeten Deutschen Reich. Dem ging es gut und Hamburg profitierte. Der Handel blühte, die Waren aus den neuen überseeischen Kolonien – Kaffee, Tabak, Tee, Gewürze – wurden im Hafen erfolgreich weiterverarbeitet. Es herrschte Gründerzeit inklusive Goldgräberstimmung. Reparationszahlungen aus dem Krieg 1870/71 mit Frankreich, die Deutschland zur Abwechslung – jedenfalls von heute betrachtet – nicht leisten musste, sondern erhielt, taten ein Übriges für die allgemeine Aufbruchstimmung. Vor diesem ökonomischen Hintergrund entstand ab 1906 unter Bürgermeister Mönckeberg in der Innenstadt ein völlig neuer Haustyp: das Kontorhaus, dessen sprachliche Keimzelle das „comptoir" ist – französisch für „Zähltisch".

Charakteristisch für die Kontorhäuser waren die Ladengeschäfte auf Straßenniveau; in den oberen Etagen konnten Büroräume angemietet werden. Hohe Eingangshallen im Art-Déco- oder Jugendstil, marmorverbrämt und intarsiengeschmückt, beeindrucken im Inneren. Lichthöfe mit herrlichen Treppenhäusern winden sich in Schneckenhausmanier nach oben, lenken den ehrfürchtigen Blick dem Himmel entgegen. In einigen wenigen Kontorhäusern drehen sich noch stoisch Paternoster-Aufzüge, gleich einem Perpetuum mobile des frühen Industriezeitalters. Fahren die eigentlich auch nachts oder werden sie nach Büroschluss abgeschaltet? Auch hier gilt: Traut man sich da rein oder lieber nicht? Den Namen haben die seinerzeit revolutionären Nonstop-Aufzüge von ihrem ringförmigen Bewegungsmuster, das dem Rosenkranz-Beten ähnelt (für Nichtkatholiken: Auf jeweils zehn kleine Ave-Maria-Perlen folgt eine größere für das Vater Unser, auf Lateinisch „Pater Noster"; und nein, man steht nicht kopf, wenn man eine Runde mitfährt). Knapp 30 fahrtüchtige Paternoster soll es in Hamburg noch geben. Als Gratis-Karussell für Touristengruppen sind sie allerdings verboten, zumindest im zwischen Trostbrücke und Nikolaifleet gelegenen Laeiszhof, der 1897/98 als Firmensitz für die Reederei Laeisz erbaut wurde. Auf dem Ziergiebel zum Fleet hin trägt er als Hommage an „Pudelchen", die Ehefrau von Carl Laeisz, die Skulptur eines Pudels. Ein durchaus überraschendes Symboltier für eine Reederei, aber wie romantisch! Mit dem Buchstaben P beginnen, Sophie „Pudelchen" Laeisz zu Ehren, auch die Schiffsnamen der legendären Flying P-Liner: unter ihnen die „Passat" (heute Wahrzeichen von Travemünde), die „Pamir“ (1957 in einem Hurrican gesunken), die „Padua“ (seit 1959 als russisches Segelschulschiff „Krusenstern“ unterwegs und regelmäßig zum Hafengeburtstag in Hamburg) oder die „Peking“. Als Vier- oder Fünf-Mast-Großsegler für die Frachtfahrt gebaut, sind die Windjammer allesamt Ikonen der deutschen Schifffahrtshistorie. Ende 2015 erst wurde die 1911 bei Blohm + Voss gebaute „Peking“ vor der Verschrottung in New York gerettet; nach Instandsetzung soll sie wieder zu Hause an der Elbe liegen – als Wahrzeichen des künftigen Deutschen Hafenmuseums Hamburg.

Nun aber zurück „an Land“. Einen Besuch wert sind auch das zur gleichen Zeit wie der Laeiszhof erbaute Asia-Haus an der Willy-Brandt-Straße 49 und das Afrikahaus in der Großen Reichenstraße 27, an dessen Innenhofportal ebenso überraschend wie majestätisch zwei lebensgroße Elefanten die Stoßzähne schwingen. Erbaut für das Handelsunternehmen Woermann, in der Blütezeit des kolonialen Überseehandels Betreiber der gleichnamigen Schifffahrts-Linie und der Deutschen Ost-Afrika-Linie, schmückt es sich am Toreingang mit goldverbrämten Palmwedeln und afrikanischen Mosaik-Motiven und ist nach wie vor in Familienbesitz. Wäre da nicht die gedämpft-gediegene Atmosphäre, fast wähnte man sich bei Hagenbeck.

Heute noch sind Kontorhäuser an den zahlreichen Firmennamen am Eingang zu erkennen und daran, dass sie einen eigenen Namen tragen. Zum Beispiel das Levantehaus, der Domhof oder das Rappolthaus in der Mönckeberg- und das Semperhaus in der Spitalerstraße. Beide wurden als Kontorstraßen konzipiert, zählen allerdings nicht zum im Juli 2015

frisch gekürten Weltkulturerbe „Kontorhausviertel mit Chilehaus und Speicherstadt".
Jenes Kontorhausviertel, dessen Besucherzahlen nun sprunghaft ansteigen, befindet sich gegenüber der Speicherstadt zwischen dem Straßenquarrée Steinstraße, Meßberg, Klosterwall und Brandstwiete. Typisch für die gewaltigen Bürobauten im Backstein-Expressionismus der 1920er-Jahre ist das damals neuartige Stahlbeton-Skelett. Dadurch konnte auf tragende Innenwände verzichtet und die Raumaufteilung flexibel auf die Bedürfnisse der jeweiligen Firmen und übrigen Mietparteien abgestimmt werden. Als da wären: die Radikal-Soziale Einheitspartei, die Reichskraftsprit GmbH, die Gewerkschaft Eisig ... Ein derart kurioser Mieter-Mix war beispielsweise im Chilehaus ansässig, wie heute noch auf den historischen Namenstafeln an den Eingängen zu lesen ist.
Das Chilehaus mit seinen geschwungenen Linien, dem spitz zulaufenden Schiffsbug und den kunstvollen Rotklinker-Reliefs gilt als prominentestes Aushängeschild des Viertels. Anfang der 1920er-Jahre, zur Hoch-Zeit der Inflation, für den mit Chile-Salpeter handelnden Investor Henry B. Sloman gebaut, hat es die Form eines Ozeanliners und wurde zu einem Hamburg-Wahrzeichen; beim NDR-Hamburg Journal gehört es ebenso dazu wie das Thema aus dem 4. Satz der 1. Sinfonie von Johannes Brahms, das mir immer die Tränen in die Augen treiben will. Dem Architekten des Hauses, Fritz Höger, verpassten die Hamburger den Spitznamen „Klinkersticker", da seine Fassadengestaltung mit den kunstvoll gemauerten rotbläulichen Backsteinen sie an Stickmuster erinnerte. Dabei waren die

Klinker nicht mal seine Idee. Investor Sloman hatte sie schon vor Baubeginn günstig erworben, da es sich um sogenannte Fehlbrände handelte, denen die Fassade ihre schimmernde Wirkung und damit die leichte Ausstrahlung verdankt.

Gleich gegenüber dem Chilehaus dient der Meßberghof unter anderem dem Bauer-Verlag als Heimat. Von den Architektenbrüdern Gerson erbaut und mit einem besonders schönen Treppenhaus ausgestattet, firmierte das Gebäude ursprünglich als „Ballinhaus“, nach dem 1918 verstorbenen Chef der HAPAG. Da sowohl Albert Ballin als auch die beiden Architekten jüdischer Herkunft waren, wurde das Haus 1938 nach dem Willen der Nationalsozialisten in „Meßberghof“ umbenannt. Dass es von 1928 bis 1979 (!) ausgerechnet die Firma Tesch & Stabenow (Testa) beherbergte, Hersteller des Auschwitzgases Zyklon B, mutet vor diesem Hintergrund an wie ein grausamer Scherz der Geschichte. Hätte man dem Gebäude nicht wenigstens seinen Namen zurückgeben können?

Zum Kernbereich des Kontorhausviertels um den Burchardplatz herum zählen neben dem Chilehaus und dem Meßberghof der Montanhof, der Mohlenhof und der Sprinkenhof, Letzterer eine Koproduktion der Gerson-Brüder mit Fritz Höger, der übrigens schon früh ein Hitler-Anhänger war und gern den Posten von Albert Speer als dessen Haus- und Hofarchitekt und späterem Rüstungsminister innegehabt hätte. Der Sprinkenhof, erbaut in drei Abschnitten von 1927 bis 1943, war seinerzeit der größte Bürokomplex Hamburgs und beherbergt in seinem östlichen Flügel am Johanniswall 4 heute die Hamburger Innenbehörde. Über neun Etagen umschließt er drei Innenhöfe, in deren mittlerem zwei Straßen zur ersten Tiefgarage der Stadt führen. Die Klinkerfassaden des Sprinkenhofs sind ganz besonders ornamental gestaltet. Und geradezu psychedelische Wirkung entfalten die filigranen Treppenhäuser. Ob von oben oder von unten bewundert, scheinen sie den schwindelnden Betrachter geradewegs in ihr Zentrum zu saugen.

Nur durch einen Seitenarm der Norderelbe vom Kontorhausviertel getrennt und durch acht Brücken mit ihm verbunden, liegt Teil zwei des frischgebackenen Hamburger Weltkulturerbes, die nicht weniger eindrucksvolle Speicherstadt mit ihren roten Zinnen und Giebeln. Ab 1883 auf den ehemaligen Inseln Kehrwieder und Wandrahm sowie auf Millionen von Eichenpfählen im Elbschlick errichtet, ist sie der größte Lagerhauskomplex der Welt. Durchzogen von sechs Fleeten („fleeten" ist plattdeutsch für fließen) und umflossen von Kanälen, scheint sie direkt aus dem Wasser gewachsen zu sein, und man möchte sich Neptun vorstellen oder wenigstens einen bodygebuildeten Nix, der das Ensemble von unten stützt. Zur Sicherheit. Ein bisschen unheimlich sieht sie nämlich aus, die Speicherstadt, jedenfalls unten herum und selbst bei Sonnenschein. Wasserpflanzen und Moose haben sich zwischen den schlickverkrusteten roten Ziegeln im Sockel niedergelassen, stellenweise sind Backsteine herausgebrochen und bei Ebbe sieht man das Holz modriger Baumstämme dunkel hervorlugen. Das wirft sofort die Vertrauensfrage auf. Bei mir zumindest. Wie ist es möglich, dass derartige Ziegelgewichte die Stämme nicht in den Schlick drücken bis nach Australien? Und dass sie sich in über 130 Jahren nicht zu einer breiigen Vorstufe von Papier aufgelöst haben? Die Antwort darauf liegt in der modernen Skelettbauweise, die sich hinter dem „Backsteinkleid“ verbirgt. Aber warum überhaupt all die Mühe mit dem monströsen „Pfahlbau“-Projekt?

Der Grund für die Entwicklung der Speicherstadt war politischer Natur. Und, wie sollte es anders sein in Hamburg, wirtschaftlicher. Nach dem Beitritt als Bundesstaat zum Deutschen Reich 1871 wurde die Schaffung eines Gebiets nötig, das als Freihafen nicht dem deutschen Zollgebiet angehörte. Zwischen Hamburg und dem Deutschen Reich wurde der Bau einer Speicherstadt vereinbart, in der wie zuvor das Privileg der Hamburger Kaufleute gelten sollte, Importgüter zollfrei lagern, veredeln und verarbeiten zu dürfen. Wichtig für das Vorhaben waren Wasserzugang auf der einen Seite der Speicher und eine Straße auf der anderen. Ideal dafür geeignet schienen der hanseatischen Kaufmannschaft die beiden Elbinseln in Altstadtnähe. Die seit dem 16. Jahrhundert dort entstandenen Wohnviertel – enge Arbeiter- und Handwerkerwohnungen auf dem Kehrwieder sowie Kaufmanns- und Bürgerhäuser einer überwiegend holländisch-stämmigen Bevölkerung auf dem Wandrahm – wurden kurzerhand abgerissen. Rund 24 000 Menschen mussten sich eine neue Bleibe suchen; die ärmeren zogen Richtung Hamm und auf die Veddel, die betuchteren ließen ihre Sommerhäuser im Westen der Stadt zur ganzjährigen Bleibe umbauen. Kaiser Wilhelm Zwo höchstselbst war es, der die Speicherstadt 1888 einweihte.

Gelagert und von sogenannten Quartiersleuten begutachtet wurde in den weitgehend unbeheizten Speichern hauptsächlich Stückgut; Kaffee, Tee und Gewürze vor allem, wegen des gleichmäßigen Raumklimas. Von jedem der alphabetisch benannten Speicherblöcke aus ermöglichte eine Seilwinde am Giebel den Zugang zum Fleet, auf dem sich die exotische Ware bequem mit Schuten transportieren ließ. Tee gibt's dort heute noch: im 1905 erbauten „Wasserschloss", dem geradezu romantischen Lichtblick inmitten all der hoch aufragenden Lagerhäuser. Hier, an der Spitze einer Halbinsel, wo zwei Fleete sich treffen und früher die Windenwärter und -wächter wohnten, fühlt man sich heute wie auf einem Ozeandampfer kurz vorm Ablegen. Dazu gibt's köstlichen Kuchen, und der Duft der großen weiten Welt zieht vom Teekontor gleich nebenan gemächlich übers Wasser.

Überhaupt ist die Speicherstadt ein Ort für jedermann geworden, auch wenn es auf den ersten Blick nicht den Anschein hat. Nach 120 Jahren wurde sie 2003 aus dem Freihafengebiet herausgenommen, der Freihafenstatus 2013 komplett abgeschafft. Durch den Containerumschlag, neue EU-Bestimmungen sowie elektronische Lagerverwaltungssysteme, denen es egal ist, wo genau sie unverzollte Ware erfassen sollen, war er überflüssig geworden. Ich erinnere mich, wie ich Ende der 1980er-Jahre einmal via Köhlbrandbrücke ungewollt in den Freihafen geriet, mit einer Kiste rheinhessischen Weins an Bord meines Autos, die mir mein Finkenwerder Cousin aus der alten Heimat mitgebracht hatte. Ich hatte Sorge, damit erwischt und zu Strafzoll verdonnert zu werden. Passierte aber nicht. Es war noch nicht mal jemand da, um mich durchzuwinken. Schade eigentlich. Ich hätte gern gewusst, ob meine Ausrede funktioniert. Heute braucht es keine mehr.

Das mit dem „jedermann“ aber trifft in zweifacher Hinsicht zu. Wo Speicherstadt-, Zoll-, Gewürz- und Kaffeemuseum, das Hamburg Dungeon (Hamburgs in meinen Augen überflüssigste Chamber of Horrors) und die größte Modelleisenbahn der Welt, das Miniatur Wunderland Hamburg, friedlich koexistieren, nebst diversen Teppichhändlern, Agenturen sowie der Hafenbehörde Hamburg Port Authority, findet seit 1994 im Rahmen des Kultursommers alljährlich „Der Hamburger Jedermann“ statt. Zu fortgeschrittener Stunde ruft das gesellschaftspolitische Open-Air-Spektakel stets den Tod auf den Plan. Flammenumhüllt treibt er in seiner gruseligen Barke lautlos übers dunkle Fleet – mitten in die Bühnenzene hinein; für die Zuschauer in den wasserumgurgelten Tiefen der Speicherschluchten definitiv ein Gänsehautmoment.

Ganz anders umgenutzt haben die Londoner ein vergleichbares Lagerhausviertel im Rotklinker-Look, falls man das im Zeichen der neuen Kulturerbe-Würde so flapsig sagen darf. Das an der Themse gelegene Wapping, durch deutsche „Blitz“-Angriffe zerstört und nach Aufgabe von Werftstandorten heruntergekommen, wurde ab den 1980er-Jahren als Wohnraum freigegeben. Lässige Dockland-Lofts würden auch der Hamburger Speicherstadt gut zu Gesicht stehen – und so manchen eher zum Umzug animieren als hundert Quadratmeter HafenCity. Womöglich aber darf man froh sein, dass die Speicher überhaupt noch da sind und nicht zum Zuschütten der Fleete herhalten mussten, an denen sie liegen. Entsprechende Pläne soll es Mitte der 1970er-Jahre gegeben haben. Von daher hätte man das mit dem Weltkulturerbe konsequenterweise auch lassen können, ketzerte unmittelbar vor der Titel-Verleihung Hamburgs journalistisches Flaggschiff „Die Zeit". Mehr als Geschichte und Kultur zähle in Hamburg schließlich das Geld. Viele kulturerbetaugliche Bauten habe man in der Vergangenheit, ohne mit der Wimper zu zucken, abgerissen, wenn sie jenem im Weg standen. Den Alten Dovenhof am Dovenfleet zum Beispiel, Hamburgs allererstes Kontorhaus von 1885/86 mit dem ersten Paternoster Kontinentaleuropas. 1967 musste er Rudolf Augsteins „Spiegel"-Hochhaus weichen – ausgerechnet! Dieses gehört seit 2015 einer Bank, während an der Ericusspitze 1, dem Hintern der HafenCity sozusagen, die neue „Spiegel"-Hochburg der Welt den Spiegel vorhält.

Stattreisen Hamburg e.V. | *Stadtführungen*
Kuhberg 2, 20459 Hamburg, T. 040 87080100
www.stattreisen-hamburg.de
Angebot: Stadtrundgang „Tippmamsells und Paternoster – Weltkulturerbe Kontorhausviertel" (ca. 2 Stunden).

Interessengemeinschaft Kontorhausviertel e.V. | *Chilehaus*
Chilehaus, Eingang Portal A – 6. Stock
Fischertwiete 2, 20095 Hamburg, www.kontorhausviertel.com
Viele Infos zum UNESCO-Welterbe Kontorhausviertel und seiner Geschichte und Gegenwart, auch Führungen.

Laeiszhof | *Kontorhaus*
Trostbrücke 1, 20457 Hamburg, T. 040 368080, www.laeisz.de
Achten Sie nicht nur auf die prächtige Backsteinfassade, schauen Sie hoch zur Giebelspitze, was sitzt da? Genau: ein Pudel. Er erinnert an die Ehefrau des Reedereigründers Carl Laeisz, die wegen ihrer Frisur den Spitznamen „Pudel" trug.

Meßberghof (ehemals Ballinhaus) | *Kontorhaus*
Meßberg 1, 20095 Hamburg
Heute residiert im Meßberghof unter anderem das Chocoversum (T. 040 41912300, www.chocoversum.de), das als Erlebniswelt zum Thema Schokolade große und kleine Besucher anzieht.

Haus Rademacher („Neues Zippelhaus") | *Kontorhaus*
Zippelhaus 3, 20457 Hamburg, www.zippelhaus3.de
Hier stand früher das Zippelhaus, in dem Gemüse („Zippel" = Zwiebel) gelagert wurde. Die Skulpturen an dem 1890/91 für den Verleger F. W. Rademacher neu erbauten Kontorhaus zeigen unter anderem Johannes Gutenberg, den Erfinder des Buchdrucks.

Wasserschloss | *Restaurant*
Dienerreihe 4, 20457 Hamburg, www.wasserschloss.de
T. Restaurant: 040 558982640
T. Teekontor: 040 558982630
Teekontor und Genussgastronomie inmitten der Speicherstadt. Früher wohnten hier die Windenwärter und -wächter.

Der Hamburger Jedermann | *Theater in der Speicherstadt*
Auf dem Sande 1, 20457 Hamburg, T. 040 3696237
www.hamburger-jedermann.de
Das sommerliche Spektakel beginnt, wenn die Abendsonne hinter den hellgrünen Dächern der alten Kaufmannstadt versinkt ...

Speicherstadtmuseum | *Museum*
Am Sandtorkai 36, 20457 Hamburg, T. 040 321191
www.speicherstadtmuseum.de
Griepen, Kaffeesäcke, Zuckerklatschen: Im Speicherstadtmuseum erleben Sie die einzigartige Atmosphäre der Speicherstadt.

Gewürzmuseum | *Museum*
Am Sandtorkai 34, 20457 Hamburg, T. 040 367989, www.spicys.de
Auf einem originalen Speicherboden können fünf Jahrhunderte Gewürzgeschichte erschnuppert werden.

Kaffeemuseum Burg | *Museum*
St. Annenufer 2, 20457 Hamburg, T. 040 55204258,
www.kaffeemuseum-burg.de
Hier erfahren Sie, woher der Kaffee kommt, wie die Bohne braun wird und man das Getränk am besten zubereitet. Gleich im Café testen!

Miniatur Wunderland Hamburg | *Modelleisenbahnanlage*
Kehrwieder 2–4/Block D, 20457 Hamburg, T. 040 3006800
www.miniatur-wunderland.de
Die größte Modelleisenbahn der Welt und eine der erfolgreichsten Freizeit-Touristenattraktionen Deutschlands. Ein Muss!

Hamburg Dungeon | *Gruselkabinett*
Kehrwieder 2, www.thedungeons.com/hamburg/de
90-minütige Erlebnis-Zeitreise mit Grusel-Highlights aus 600 Jahren Hamburger Geschichte. Für Kinder ab 10 Jahren.

Deutsches Zollmuseum | *Museum*
Alter Wandrahm 16, 20457 Hamburg, T. 040 30087611
www.museum.zoll.de
Das Museum zur Geschichte von Zoll und Schmuggel vom Altertum bis heute zieht jährlich fast 100 000 Besucher in seinen Bann.

Das junge alte Herz Hamburgs

Der Hafen

Über 800 Jahre ist er alt, der Hamburger Hafen. Als Taktgeber der Stadt bildet er die Grundlage für ihren Wohlstand. Sein Erfolg allerdings beruht auf: Urkundenfälschung! Mit dem gefälschten Papier, einem auf das Jahr 1189 datierten Freibrief des Kaisers Friedrich Barbarossa, der den Hamburgern Privilegien wie die zollfreie Fahrt auf der Unterelbe bis zur Nordsee gestattete, tricksten im 13. Jahrhundert die Hamburger Ratsherren ihre Stader Nachbarn von elbabwärts aus. Knapp zwei Millionen Euro (in heutige Kaufkraft umgerechnet) investierten sie in den Betrug. Es hat sich gelohnt. Mit dem Beitritt zum Städtebund der Hanse im Jahr 1321 und dank direktem Zugang zur Nordsee florierte der Handel mit deren Anrainerstaaten und ab Ende des 18. Jahrhunderts auch mit dem amerikanischen Kontinent. Ebenfalls zukunftssichernd – diesmal ganz legal – wirkte sich im 19. Jahrhundert die Entscheidung zugunsten eines offenen Tidehafens aus. Statt wie die Londoner auf Dämme und zeitraubende Schleusen zu setzen, um Ebbe und Flut auszusperren, plante man in Hamburg einen „barrierefreien“ Hafen, der zwar gelegentlich ein bisschen voller läuft als erwünscht, aber auch im Zeitalter der heutigen Containerterminals den deutlich flotteren Güterumschlag ermöglicht.

Doch keine Sorge. Selbst wenn die Elbe mal ein bisschen über die Ufer schwappt, benötigt man nicht unbedingt ein Boot, um einen Eindruck vom Hafen zu bekommen. Man erstickt auch nicht zwangsläufig im Trubel von Hafengeburtstag, Cruise Days oder Silvestergetöse. Es ist durchaus möglich, sich ein veranstaltungsfreies Wochenende oder, besser noch, einen x-beliebigen Wochentag auszugucken und einfach nur spazieren zu gehen. Im Grünen, am Wasser längs, unter der Elbe – alles auf einmal und mit besten Aus- und Einsichten. Sogar diverse Höhenmeter sind drin, für die nicht mal ein Kirch- oder Leuchtturm erklommen werden muss.

Anfangen tut man sowieso am besten oben, beim kolossalen, 34,3 Meter hohen Bismarck-Denkmal an den alten Wallanlagen oberhalb der St. Pauli-Landungsbrücken (siehe auch Seite 157). Von dort führt um den Venusberg herum, vorbei an der einmalig zwischen Hafen und Kiez gelegenen Jugendherberge am Stintfang, ein struppig grüner Weg zu Deutschlands unwahrscheinlichstem Weinberg. Der hat zwar Südlage, sieht aber noch struppiger aus als der Weg dorthin. Mitten in der Stadt thront das Kuriosum über dem drittgrößten Hafen Europas und mutet an, als hätte ein Landschaftsgärtner sich in der Stadt vertan. Dem deutschen Winzer muss der Anblick die Tränen in die Augen treiben. Einst gespendet von den Wirten des Stuttgarter Weinfests am Rathausmarkt, hat Wein an diesem Standort nicht wirklich eine Chance, präsentieren sich die unkrautumwucherten Reben statt mit Trauben doch meist mit Plastiktüten und leeren Flaschen an den Füßen. Dabei ist der „Stintfang Cuvée", eine Mischung aus weißen und roten Trauben, heiß begehrt, wenn er denn zur Reife gelangt. Die circa 50 Flaschen jährliche Ernte, falls weder Wetter, Reblaus noch Traubenklau sie vereiteln, sind nicht käuflich zu erwerben, sondern illustren Senatsgästen vorbehalten.

Wer einfach nur bei mir zu Gast ist, muss mit dem Blick über die Landungsbrücken vorliebnehmen, den man von der Aussichtsplattform zwischen Jugendherberge und Weinberg genießt. Und wenn man dann Hamburg so aus mittlerer Höhe betrachtet, den Blick über Schiffe, Kräne, Kirchen und die seit August 2015 ganz ohne Baukran dastehende Elbphilharmonie auf dem Kaiserhöft schweifen lässt, dann will einem das Herz überlaufen vor Begeisterung, Glück und der Freude darüber, in dieser Wahnsinnsstadt leben zu dürfen. Wie ist das eigentlich möglich? 1943 war Hamburg so zerstört, dass die Schutt- und Trümmerberge die Außenalster hätten auffüllen können. Heute löst ein spannendes Viertel mit ganz eigenem Flair das nächste ab, und die ganze Stadt vibriert, wenn auch „sutje" auf hamburgische Art. (Dieses Adverb, „sutsche" ausgesprochen, habe ich lange Zeit für italienisch gehalten, es ist aber norddeutsch für sachte, gemütlich und immer mit der Ruhe.) Man möchte einfach nur Danke sagen.

Und bevor es nun zu sentimental wird, unterquere ich schnell die Hochbahnbrücke Richtung Westen, wo sich auf dem von der Eiszeit geformten Geestrücken vor beeindruckender Hotelkulisse ein schöner Spazierweg Richtung Fischmarkt anschließt. „Bei der Erholung“ heißt er passenderweise; aus gebührendem Abstand überblickt man von hier den Trubel an den Landungsbrücken. Bis zum „Park Fiction“ (siehe Seite 74) am St. Pauli-Hafenrand lässt sich der Höhenweg fortsetzen.

Der Rückweg unten entlang der Landungsbrücken führt an zwei Hamburger Schiffs-Ikonen vorbei, dem 1896 erbauten grün-weißen Dreimaster und ehemaligen Segelschulschiff „Rickmer Rickmers“, auf dem Kletterfreaks jeden Samstag in die Takelage dürfen, und der für ein Frachtschiff überaus eleganten, 1961 vom Stapel gelaufenen „Cap San Diego“ an der Überseebrücke. Bis 1981 waren sie und ihre fünf Schwestern mit Stückgut auf der Südamerika-Route unterwegs; heute als Museums- und Hotelschiff im Dienst, ist die „Cap San Diego“ nach intensivem Lifting noch immer fahrtüchtig. Fast britisches Flair strahlt die Bar mit ihren dicken Lederklubsesseln aus, und in Ladeluke 3 tief im Schiffsbauch hat so manch jüngerer Hamburger seinen Abi-Ball gefeiert. Party machen und übernachten kann man auch gleich daneben auf dem „Feuerschiff“, knapp 40 Jahre als knallrotes Seezeichen vor der englischen Küste vor Anker und 1989 durch eine schlichte Großtonne ersetzt. In Hamburg liebt man das Seezeichen auf Landgang. Nicht mehr als sechs Kajüten mit insgesamt zehn Kojen hat es zu bieten, dafür aber Pub, Restaurant und Live-Musik, die montags beim „Blue Monday“ noch nicht mal was kostet.

Vor all den schwimmenden Wahrzeichen der Stadt kommt jedoch eines, dessen Zweck sich nicht auf den ersten Blick erschließt. Manchen Zeitgenossen

erinnert der quadratische Kuppelbau an den Landungsbrücken an ein Mausoleum. Irgendwie ist er das auch, denn der entscheidende Teil ruht tief im Erdreich. Begraben liegt hier allerdings kein Kaiser, König, Edelmann, sondern der Eingang zum St. Pauli-Elbtunnel. Seit es den „neuen“, 1975 eingeweihten Autobahn-Elbtunnel gibt, wird er meist schnöde der „Alte“ genannt. Als erste Flussunterquerung Europas galt er 1911 bei seiner Eröffnung durch Kaiser Wilhelm II. als technische Sensation. Schimmernd weiß gefliest, führen 24 Meter unter der Elbe zwei Tunnelröhren nach Steinwerder. Kunst am Bau inklusive, denn alle paar Meter begegnen dem Fußgänger an der Tunnelwand aufwendig gestaltete Reliefﬂiesen mit allerlei in und an der Elbe lebendem Seegetier. Auf jeder Elbseite bringen vier Förderkörbe Mensch und Fahrzeug – früher sogar ganze Pferdefuhrwerke – in den Untergrund, wo man einen knappen halben Kilometer auf Kaisers Spuren wandelt. Das weniger aristokratische Fußvolk von einst bestand aus Zigtausenden Werft- und Hafenarbeitern, die fortan nicht mehr mit der Hafenbarkasse, sondern durch den Elbtunnel zu ihrem Arbeitsplatz auf der Elbinsel Steinwerder pendelten, 19 Millionen Menschen im Jahr. Bis heute ist der Durchgang zu Fuß oder mit dem Fahrrad gratis – weil, so 1906 das Argument der Sozialdemokraten in der Bürgerschaft, die Uhlenhorster Bourgeoisie für die Instandhaltung ihrer Reitwege ebenfalls nicht zur Kasse gebeten wurde!
Die derzeitige Sanierung des Industriedenkmals dagegen verschlingt rund 60 Millionen Euro. Pro Röhre. Allein vier Jahre hat die weltweite Suche nach einer passenden Fliese gedauert. Sieben leicht

verschiedene Farbtöne sollen nun zusammen mit der transparenten Glasur für angenehm warme Lichtreflexe sorgen. Die „Tunneltier"-Reliefs dagegen müssen zum Teil aufwendig rekonstruiert werden, da hundert Jahre unter der Elbe auch an ihnen nicht spurlos vorübergegangen sind. Ende 2018 soll die Oströhre fertig sein. Dafür wünscht sich Projektleiter Hartmut Gräf, dass die Hamburger mit Kerzen und Taschenlampen zur Wiedereröffnung kommen. So wie vor über hundert Jahren, als Zehntausende mit Öllämpchen und Kerzen erschienen, um ihren neuen St. Pauli-Elbtunnel zu erleuchten. Man soll ihnen damals weisgemacht haben, noch sei es ziemlich dunkel im Tunnel.

Bismarck-Denkmal
Alter Elbpark (Seewartenstraße)
Mit 34,3 Metern Gesamthöhe das weltweit größte Standbild des früheren Reichskanzlers Otto Graf von Bismarck.

Stintfang | *Aussichtspunkt*
Bei den St. Pauli-Landungsbrücken 3, 20359 Hamburg (Jugendherberge)
Toller Blick über den „Weinberg" Stintfang hinunter auf die Hafenkante, die Elbe und die Docks von Blohm+Voss.
Einfach bei der S/U-Haltestelle Landungsbrücken rechts den kleinen Seitenausgang nehmen.

Die Landungsbrücken sind das touristische Herz des Hamburger Hafens, erster Anlaufpunkt für alle mit Fernweh und Fischbrötchenhunger.

Fährlinie 62 | *Elbkreuzfahrt*
Landungsbrücken, Brücke 3, 20359 Hamburg, www.hvv.de
Fahren Sie einfach mal Richtung Finkenwerder und zurück. Eine solche „Elbkreuzfahrt" kostet nur ein paar Euro fürs HVV-Ticket und bietet eine ganze Stunde echtes Hamburg-Feeling.

Brücke 10 | *Die Fischbrötchenbude*
Landungsbrücken, Brücke 10, 20359 Hamburg, T. 040 33399339
www.bruecke-10.de
Angeblich gibt es hier das beste Krabbenbrötchen Hamburgs. Fischbrötchen natürlich auch.

Cap San Diego | *Museumsschiff*
Überseebrücke, 20459 Hamburg
T. 040 364209
www.capsandiego.de
Maritimes Denkmal und schwimmendes Hotel mit eleganter Silhouette, täglich 10–18 Uhr zu besichtigen.

Rickmer Rickmers | *Museumsschiff*
Landungsbrücken, Ponton 1a, 20359 Hamburg, T. 040 3195959
www.rickmer-rickmers.de
Schwimmendes Wahrzeichen Hamburgs, täglich 10–18 Uhr zu besichtigen. Mit Sonderausstellungen und „Bordküche".

Feuerschiff
Vorsetzen 1, 20459 Hamburg (City Sporthafen), T. 040 362553
www.das-feuerschiff.de
Knallrotes Traditionsschiff mit Bar – Pub – Restaurant – Café – Cabins (Kojen).

Alter Elbtunnel
Bei den St. Pauli-Landungsbrücken 1, 20359 Hamburg
www.hamburg.de/alter-elbtunnel
Die beiden Tunnelröhren können von Fußgängern und Radfahrern jederzeit (außer Silvester) kostenlos benutzt werden.

Hamburg vertikal

Die HafenCity

Wo Hamburg am schönsten ist. Hafen, na klar. Aber HafenCity? Hm. Schwierig. Luxuriöse Hochhäuser, die von außen anmuten wie ein tumorgebeuteltes Organ und drinnen statt Herz für Kinder eins für Millionäre haben. Ein Musikpalast namens Elbphilharmonie, der zwar viel von sich reden machte, statt Harmonien aber lange nichts als Kakophonie zu Gehör brachte; der steuerzahlende Bürger durfte derweil mit Bauhelm und in gelben Gummistiefeln Hamburgs Unvollendete besichtigen. Anstatt der von Schubert zu lauschen. Was noch? Ein neuer Traditionsschiffhafen – ist das nicht ein Widerspruch in sich? – fremdelt ein wenig in der nüchternen Umgebung, zumal die so geräuschempfindlich ist, dass die richtigen Museumsschiffer sich zurück in ihr angestammtes Revier nach Övelgönne verholt haben. Man wird ja wohl noch hämmern dürfen! Und ohne Flex geht an Bord so eines alten Kahns nun mal gar nix. On top, und das ist wörtlich gemeint, gibt's in der HafenCity eine Schule, die ich erst auf dem Weg zu einer Lesung als solche erkannte, weil im richtigen Augenblick ein Ball durch die Luft flog; eigentlich ist der Schulhof nämlich auf dem Dach.

Also. Hamburg am schönsten. Da? Meine Vorurteile haben einen Dämpfer bekommen, denn so richtig begriffen, wie das „Urban Living mit Hafenflair“ einmal aussehen soll, habe ich erst im Kesselhaus. Der Backsteinbau am Sandtorkai, einst Energiezentrale der Speicherstadt, beherbergt ein Modell der HafenCity, wie sie dastehen soll, wenn sie fertig ist, und dokumentiert die einzelnen Baufortschritte. So langsam wird's. Auch draußen vor der Tür, wo auf dem Großen Grasbrook Europas größtes innerstädtisches Stadtentwicklungsprojekt immer mehr Fläche frisst. Gut die Hälfte der neuen City am Wasser steht hochkant, und peu à peu macht sich tatsächlich so etwas wie Lebensgefühl breit. Die skandalumtoste Elbphilharmonie auf dem ehemaligen Kaispeicher A hat nach Kostenexplosion und 18-monatigem Baustopp ihre gläserne Badehaube auf und sich zum neuen Wahrzeichen und Stolz der Stadt gemausert. Im Januar 2017 durch das NDR Elbphilharmonie Orchester unter Thomas Hengelbrock eingeweiht, ist „Elphi“, wie man sie nun liebevoll nennt, in Rekordzeit vom Millionengrab zum Architektur- und Klangwunder mutiert und den Hamburgern bereits ans Herz gewachsen. Bei Sonnenschein glitzert „Elphi“ über die Dächer der Innenstadt bis an die Alster. Ihre Konzerte sind binnen Stunden ausverkauft und – wie demokratisch – die billigsten Plätze sollen die besten sein.

Auf Teil zwei des 157 Hektar großen ehemaligen Hafenareals wird noch gebaggert, gebuddelt, aufgeschüttet und planiert. Quartier für Quartier geht es voran, von West nach Ost und von Nord nach Süd.

Nachdem sie 1997 vom Hamburger Senat als Projekt vorgestellt worden ist und man 2003 mit der Realisierung begonnen hat, ist die HafenCity bereits jetzt ein Touristenmagnet. Doch nicht nur der Fremdenverkehr strömt dorthin. Der Hamburger selbst schaut ab und zu vorbei, mitsamt seiner Skepsis gegenüber dem neuen Vorzeigeviertel. Mal gucken, wie weit die da sind. Schließlich gilt: Vertrauen ist gut, Kontrolle ist besser, auch wenn's im Zweifelsfall nix nützt, siehe Elbphil...
Etwa zehntausend Hamburger kommen fast täglich über die Brücken, weil sie bereits in der HafenCity arbeiten, vorwiegend im Überseequartier, deren kommerziellem Herzstück. Zweitausend weitere testen schon mal aktiv das Schöner Wohnen am Wasser und bemühen sich, den neuen Stadtteil mit Familienleben zu füllen. Seit 2009 bietet die Katharinenschule ihren 230 Schülern ein Dach nicht nur über dem Kopf, sondern auch unter den Füßen. Sie ist zwar die modernste Schule Hamburgs, beileibe jedoch kein Yuppie-Hort. Zum Einzugsgebiet gehören nicht nur die rund zehn Prozent „bessergestellten" Kinder aus der HafenCity, sondern auch Schüler aus Alt- und Neustadt, alles in allem eine ziemlich bunte Mischung. Für Nachschub sorgen diverse Kitas, und auch auf dem nagelneuen Kinderspielplatz beim provisorischen Kreuzfahrtterminal wuselt und wühlt es. „Baugruben" mit Baggermatsch und Wasserspielen ziehen die Knirpse, wie auch den einen oder anderen Papi, magisch an und lassen künftige Architektengenerationen erahnen.
Mehr oder weniger leuchtende Vorbilder haben sie in der HafenCity genug, denn Stararchitekten von internationalem Rang durften und dürfen sich hier

austoben. Sie bauten ein Wellengebirge aus Glas, die Elbphilharmonie, jeder Wassertropfen wie einzeln hingetupft in Form der nach außen gewölbten spiegelnden Fenster. Sie verpackten das Unilever-Haus, lichtdurchflutete Firmenzentrale mit Atrium bis in den Himmel, in eine Außenhaut aus transparenter Folie. Ein bisschen sieht's aus wie Fertignahrung in Zellophan, soll aber der Wärmedämmung dienen und gegen die Feinstaubbelastung durch die Kreuzfahrer vor der Haustür helfen. Unwillkürlich fragt man sich: War Christo hier? Ist der nicht schon tot, oder war das Jeanne-Claude, seine Frau? Und wie putzt man das? Wirklich toll ist die Aussicht selbst von unten. Von den Treppenstufen am Strandkai lässt sich trefflich und quasi pausenlos Aida gucken. Statt hören. Hören kann man dafür das Klatschen der Elbwellen an der Kaimauer.

Einen Steinwurf entfernt vom Unilever-Haus errichteten die Stararchitekten den Marco-Polo-Tower, einen designpreisgekrönten Wohnturm der Luxusklasse, der sich wie ein Schneckenhaus um seine Mittelachse nach oben wickelt; nur dass er sich, eher untypisch für Schnecken, zur Spitze hin erweitert statt verjüngt. Er ist aber nur zum Angucken, der Tower. Von außen. Rausgucken – und ein bisschen herabsehen – dürfen nur die kinderlosen oberen Zweihundert oder so, die darin wohnen. Zum Beispiel auf die Nachbarn in der zweiten Reihe, deren etwas weniger luxuriöse Behausung an einen übergekochten Milchtopf mit Schlagseite erinnert. Herrn Teheranis an der Reeperbahn tanzende Türme lassen grüßen. Macht aber nix. Wenn man drin wohnt, im Milchtopf, sieht man's ja nicht, und innen sind die Wände bestimmt fast gerade.

Zwei Hafenbecken gibt es in der HafenCity. Am breiten Schwimmponton am Sandtorkai liegen im Traditionsschiffhafen historische Segler und Dampfer Heck an Bug und bei Großereignissen wie dem Hafengeburtstag bis zu 30 von ihnen im Päckchen. Der restaurierte Peildampfer „Schaarhörn", Baujahr 1908, der so schmuck aussieht, weil er eigentlich nicht nur die Elbe vermessen, sondern als Staatsyacht auch Kaiser Wilhelm II. durch den Hafen schippern sollte (hat nicht geklappt), hat hier eine neue Heimat gefunden. Ebenso das ehemalige Bäderschiff „Seute Deern"; frisch geweißelt trägt die Mittfünfzigerin Brautkleid, um den Hochglanzfassaden nebenan keine Schande zu machen. Am Kaiserkai, der südlichen Begrenzung des Hafenbeckens, stehen still und fast filigran drei ehemalige Stückgutkräne, die nicht mehr mithalten können in Gewichtsklasse und Turbotakt der Großen. Längst ausgemustert, erinnern die stählernen Zeitzeugen etwas schüchtern an die stolze Vergangenheit der neuen City, als hier noch Frachter be- und entladen wurden. Fast möchte man sie streicheln, die alten Recken. Wie Spielzeug sehen sie aus vor der Kulisse der Elbphilharmonie. Ob sie nächtens heimlich aus dem Miniatur Wunderland in der Speicherstadt ausgebüxt sind?

Schwarz und bullig, fast hätte man sie in ihrer Unscheinbarkeit übersehen, dümpelt an der Brücke zum Ponton eine Art Minischute, ein Arbeitsschiff, zum Zeichen dafür, dass hier immer noch gearbeitet wird, wenn auch anders als früher. „Hein" heißt die kleine Dralle, wie es sich in Hamburg gehört. Neben all den frisch gelifteten Schönheiten wirkt sie, als hätte sie sich verirrt.

Ganz anders der Grasbrookhafen. Demnächst soll er Sportbooten einen urbanen Liegeplatz bieten. Das Publikum für gekonnte oder chaotische An- und Ableger ist bereits da, denn längs des Dalmannkais säumen gut frequentierte Cafés mit kuscheligem windabweisenden Korbgestühl das Ufer. Überhaupt, der Wind. Wenn's andernorts nur leise säuselt, ist hier ein Strickmützchen nie fehl am Platz, denn dank der Häuserschluchten gerät leises Säuseln in der HafenCity schnell zum Gepfeif. Dann hängen die zarten Zweige der frisch gepflanzten Trauerweiden schon mal horizontal in der Luft. Bei der Einfahrt zum Grasbrookhafen könnte es hingegen zum unfreiwilligen Stillstand kommen. Da muss wohl der Bagger noch mal ran, sonst bleiben bei Niedrigwasser selbst Jollen im Schlick stecken. Nach Osten hin sind beide Hafenbecken durch die großzügigen Magellan- und Marco-Polo-Terrassen begrenzt, die Sonnenanbeter zum Picknick oder Power-Napping nutzen. Und bei Sonnenuntergang mit Musik lassen sich literarisch Interessierte dort gern open-air von ihren Lieblingsautoren etwas vorlesen.
Ein weiteres Highlight der HafenCity ist zugleich das älteste. Im Kaispeicher B beim Magdeburger Hafen hat das Internationale Maritime Museum Hamburg eine standesgemäße Heimat gefunden. Neben der größten privaten Schiffesammlung der Welt ist zu sehen, wie sich Industriegeschichte wiederholt. Alte Schwarzweißfotos zeigen, dass vor 150 Jahren schon einmal alles umgekrempelt wurde auf dem Großen Grasbrook. Damals mussten nach nur hundert Jahren die dortigen Werften und Arbeiterwohnungen dem weiteren Ausbau des Hafens weichen. Heute bekommen die Hamburger den

Raum zurück. Als Nächstes auf dem Bauplan stehen die neuen Universitätsgebäude, Projekte für soziales Wohnen, diverse Kulturbauten sowie ein Bürgerpark. An dem ehemaligen Industrie- und Hafenstandort vereinen sich künftig Leben und Arbeiten, Wohnen und Wissen, Freizeit und Kultur.

Am meisten beeindruckt hat mich im Maritimen Museum übrigens das Foto der tonnenschweren alten Dampflok, die 1943 mit Hilfe eines Prahms aus einem Fleet geborgen wurde. Michael Endes berühmtes Kinderbuch „Jim Knopf und Lukas der Lokomotivführer“ und die Lok Emma kamen mir in den Sinn, vor allem wie Jim und Lukas ihr zu klein gewordenes Zuhause, die Insel Lummerland, kreativ erweitert haben: um das im Ozean treibende Inselchen Neu-Lummerland. Ein sehr passendes Bild für die HafenCity, will mir scheinen.

So richtig schön finde ich sie immer noch nicht. Aber ganz schön spannend. Und das alte Herz Hamburgs, der „richtige“ Hafen mitsamt der historischen Speicherstadt, schlägt ja gleich nebenan. (Obwohl, nicht ganz, denn der Hauptumschlag, knapp zehn Millionen Standardcontainer pro Jahr, findet heute in den Containerhäfen Tollerort, Altenwerder und Burchardkai statt.)

HafenCity Info-Center im Kesselhaus
Am Sandtorkai 30, 20457 Hamburg, T. 040 36901799
www.hafencity.com
Das städtebauliche Modell im Maßstab 1:500 zeigt stets den aktuellen Entwicklungsstand der HafenCity (10–18 Uhr, Mo geschlossen).

Elbphilharmonie | *Konzerthaus*
Platz der Deutschen Einheit 1, 20457 Hamburg
www.elbphilharmonie.de
Der Blick von der Elbphilharmonie-Plaza auf den Hafen und die Stadt entschädigt für verpasste Konzerte (tgl. 9–24 Uhr geöffnet). Plaza-Tickets gibt's aus dem Automaten im Eingangsbereich oder gegenüber im Besucherzentrum (Am Kaiserkai 60).

Schatzinsel | *Spielplatz*
Hübenerstraße, 20457 Hamburg
Mitten im maritim geprägten Grasbrookpark mit seinen vielen Fontänen und Wasserspendern liegt ein Piratenschiff, das sich entern lässt.

Designmarkt im Unileverhaus | *Wochenmarkt*
Am Strandkai 1 (Navi: Großer Grasbrook 16), 20457 Hamburg
www.derdiesein.de
Wochenmarkt mit Produkten aus Hamburgs Kreativszene, von Mode, Schmuck und Accessoires bis zu Möbeln (Sa 11–18 Uhr).

Sandtorhafen | *Traditionsschiffhafen*
Am Sandtorkai, 20457 Hamburg, www.sandtorhafen.de
Liegeplatz für ca. 20–25 historische Schiffe, zu besonderen Anlässen und Veranstaltungen können sogar 40–50 Schiffe hier liegen.

KaiserPerle | *Bistro*
Am Kaiserkai 47, 20457 Hamburg, T. 040 22601572
www.kaiserperle-hafencity.de
Mit Blick auf den Hansahafen sitzen, Kaffee und Kuchen genießen, dabei den Autofrachtern und Containerriesen zusehen, das bietet die Terrasse des kleinen Bistros am Kaiserkai in der HafenCity.

Lesebühne „Hamburger Ziegel | *Open-Air-Lesungen*
Magellan-Terrassen, 20457 Hamburg
www.literaturkontor-hamburg.de, www.hafencity.com
Jeden Sommer veranstalten Literaturkontor Hamburg und HafenCity Hamburg GmbH an drei Sonntagen Open-Air-Lesungen. Eintritt frei.

Internationales Maritimes Museum | *Museum*
Koreastraße 1, 20457 Hamburg, T. 040 30092300
www.internationales-maritimes-museum.de
Täglich 10–18 Uhr
3000 Jahre Seefahrtsgeschichte im ehemaligen Kaispeicher B – mit Schiffsführungssimulator.

U4-Haltestelle HafenCity Universität
20457 Hamburg, www.hvv.de
Die U-Bahn-Station mit ihren langsam die Farbe wechselnden Würfel-Installationen ist zu einem der beliebtesten Fotomotive geworden.

Hamburgs kultigster Schwimm-Klub

Mit Frau Hedi on tour durch den Hafen

Um's gleich vorweg zu sagen: Frau Hedi ist eine ganz normale Hafenbarkasse in Weiß-Blau. Einerseits. Andererseits ist sie seit 2003 die schrägste, witzigste und vergnüglichste Livemusik-, Literatur- und Party-Location Hamburgs. Und die Klubschiff-Alternative für Menschen mit hartnäckiger Kreuzfahrtallergie. All-inclusive ist hier nix, außer vielleicht dem einen Klo für alle. Ansonsten gilt grundsätzlich und generell: Perfektion ist langweilig. Dafür gibt's Hafenrundfahrt cool statt spießig, und das zum Studententarif.

Seekrank wird der Passagier nicht von der Geschwindigkeit, sondern höchstens an der Bar oder vom Tanzen. Mit knapp neun Knoten eher gemächlich unterwegs, kommt Frau Hedi dennoch ordentlich rum in der großartigsten Kulisse, die die Stadt zu bieten hat. Vorbei geht's an Containerriesen, Monsterkränen und dem philharmonischen Eispalast am Kaiserkai. Mal bekommt man unterwegs die galaktischen Klärschlammtanks des Klärwerks Köhlbrandhöft zu sehen, mal ein russisches U-Boot, mal die Speicher-

stadt. Die HafenCity mit ihren Kreuzfahrtqueens sowieso. Ebenso regelmäßig auf dem Fahrplan, weil direkt gegenüber vom Startpunkt gelegen, stehen die beiden Musicalhallen auf der Elbinsel Steinwerder, von denen eine im Dunkeln aussieht wie eine glühende Raupe. Falls man Augen für sie hat, wohlgemerkt. Denn das, was bei Frau Hedi aus den Lautsprechern tönt, stellt manches „Wunder von Bern“ in den Schatten und schickt den „König der Löwen“ zurück in die Savanne.
Livebands wechseln sich ab mit DJ-Partys. Elektro Swing, Reggae Fusion und Balkan Beats gehen ohne Umweg über den Kopf direkt in die Beine. Auch Litera-Touren haben ihren Platz im Programm. Gut, wenn der Autor seefest ist und bei Wind-und-Wetter-Lesungen seinen Text im Griff hat. Schräge Musikformationen, schräge Tanzeinlagen, schräge Dichter. Und über allem schaukelt im Takt der Wellen die obligatorische Discokugel an der Decke. Was vergessen? Ach ja, Heino oder Freddy Quinn sind eher nicht mit von der Partie. All-age ist Frau Hedi trotzdem. Zu jung oder zu alt gibt's nicht und komisch gucken tut keiner. Schließlich ist Hedi selbst schon Mitte fünfzig, gefühlt aber höchstens halb so alt.
An Bord passen 120 Personen, Käpt'n und Besatzung eingerechnet, und seit einiger Zeit gehen Hedis noch betagtere Schwestern, Frau Christa, Frau Claudia und Frau Irma, mit auf Tour. Abends ab fünf ungefähr und von März bis Dezember. Einmal pro Stunde legt die Kultflotte an, lässt Leute raus und wieder neue rein, und bis Mitternacht kann man so viele Runden drehen, wie man möchte. Ship-hopping zwischen Hedi und den anderen „Mädels“ inbegriffen.

Schlange stehen tut man hier immer, aber ausnahmsweise gern, denn die Schlange ist schon vorm Boarding gut drauf. Karten für Lesungen und Livemusik kosten zehn Euro im Vorverkauf, Party ungefähr die Hälfte. Im Zweifelsfall kann man auch das komplette Schiff mieten. Tipp: Unbedingt die Infos auf www.frauhedi.de lesen.

Frau Hedi | *Partyflotte mit DJ oder Live-Musik*
Landungsbrücken, Brücke 10, 20359 Hamburg, www.frauhedi.de
Fr und Sa ab 19 Uhr, wechselndes Programm an unterschiedlichen Wochentagen.
Wer zu spät kommt zur wilden Fahrt mit „Hedi" oder „Claudia", muss sich nicht ärgern, das Zu- und Aussteigen ist zu jeder vollen Stunde möglich.

Hamburg mediterran – mit nordischem Touch

Das Portugiesenviertel

Wo fühlt sich ein Sommerabend in Hamburg an wie Urlaub in Portugal, selbst an einem Montagabend kurz vor Ferienende? Im Portugiesenviertel zwischen Landungsbrücken und Michel natürlich. Reise nach Lissabon? Nicht nötig. „Benfica“, „Porto“ und „Casa Madeira“ heißen die Restaurants, die dicht an dicht die Häuserzeilen auflockern, „Lusitano“, „Don José“ oder „Sagres“. Die Bestuhlung wuchert bis über den Bürgersteig, was gelegentlich zu abschüssigen Tischflächen führt, die Fenstertüren sind weit geöffnet und in wenigstens einer Restaurantecke hängt der obligatorische Fernseher; gern mit Livefußball und selbstverständlich mit Ton. Die Speisekarten gleichen sich, die günstigen Preise auch. Sardinas und Lulas Grelhadas (gereicht an drei Salzkartoffeln), Paella, Tapas und das eine oder andere spanische Conejo (Kaninchen) in Rotwein stehen darauf. Dazu gibt's, authentisch südländisch, zum Vinho Verde spätabendliches Kleinkindgeschrei, übertönt nur von Mama und dem giftigen Gebell von Winzhunden, denen man so viel „Stimme“ gar nicht zugetraut hätte. Nett, dieser Sound des Südens. Und überaus lebendig. Wie kommt es, dass die gleiche akustische Mélange, die hier so entspannt sympathisch klingt und zum Lokalkolorit gehört, andernorts eher an verwöhnte Gören samt ebenso mies erzogenem Familienhund denken lässt? Vielleicht liegt's einfach an der eigenen positiven Erwartung und Urlaubsstimmung, mit der man sich im Portugiesenviertel selbst überrascht.

Und natürlich gerät man sofort in Kauflaune. In dem lebendigen Restaurant-Biotop finden sich kleine Schmuckgalerien und Szeneläden, für die man eher tagsüber einen Besuch im Viertel einschieben sollte, wenn sie auch geöffnet haben. Die eine oder andere Hamburgensie ist dabei. Als ob der Besucher sichergehen soll, dass hier immer noch Hamburg ist. In nostalgischem Ambiente führt die über hundert Jahre alte Eisenkrämerei Christian Weimeister neben Ausrüstung für die Handelsschifffahrt alles, was ein Schiff an Messingzubehör verkraften kann, von Schiffsbeschlägen und Petroleumlampen bis hin zu ganzen Bullaugen. (Kleine Ketzerei am Rande: Der gemeine Hamburger Yachteigner spricht nicht etwa von seinem Boot, sondern grundsätzlich von seinem „Schiff", und das bereits ab einer Länge von 6,35 Metern. Bei der gemeinen Landratte weckt die Wortwahl Gorch-Fock-Assoziationen – neben gelindem Zweifel am ach so hamburgischen Understatement.) Direkt neben Weimeister liegt das „Heimat-Hafen-Hamburg" mit eher zeitgenössischem Hamburg-Design – von Schlüsselanhänger bis Schlabberlätzchen.

Die ersten Portugiesen und Spanier verschlug es vor über 500 Jahren nach Hamburg. Während der

Inquisition vor die Alternative gestellt, ihr Land zu verlassen oder sich von ihrem jüdischen Glauben loszusagen, suchten viele von ihnen in den Seehandelsstädten weiter nördlich Zuflucht. In den 1960er-Jahren kamen sie aus anderen Gründen. Auf der Suche nach Arbeit bezogen sie als Gastarbeiter in Hafennähe Quartier, und erst als die Arbeitsplätze im Hafen immer weniger wurden, begannen sie quasi vor der Haustür, ihre mediterrane Küche anzubieten. Bis heute wird sie von Hamburgern wie Touristen begeistert angenommen.
Nun würde man ja eigentlich erwarten, dass in einem portugiesischen Viertel, egal wo auf der Welt, ein paar prachtvolle katholische Kirchen herumstehen. In Hamburg tun sie's nicht. Kirchen stehen zwar schon herum, es sind auch recht viele, allerdings sämtlich protestantisch. Und nicht nur das, denn mitten im Portugiesenviertel wird's nordisch. Sehr nordisch. In einer einzigen Straße, der Ditmar-Koel-Straße Nr. 2, 4 und 6, versammeln sich, Portal an Portal, die Finnische, die Norwegische und die Dänische Kirche, allesamt Seemannskirchen in rotem Nachkriegsklinker, nachdem die ursprünglichen Kirchengebäude, teils im vorvorigen Jahrhundert errichtet, 1943 zerstört worden waren. Nur die Schwedische Seemannskirche ist im Original erhalten und steht am anderen Ende der Ditmar-Koel-Straße (Nr. 36).
Weiter nördlich und schon jenseits des Portugiesenviertels, kommt kirchlich gesehen nur noch St. Michaelis, in Hamburg liebevoll-kumpelig „Michel" genannt, wie Astrid Lindgrens Lausebengel mit der Suppenschüssel. Auch der Michel ist kein Original, sondern ein Wiederaufbau, nachdem er 1906 zum

zweiten Mal vollständig niedergebrannt war. Diese bedeutendste norddeutsche Barockkirche mit ihren creme-grau-grünen Pastelltönen im Innern und der geschwungenen Empore habe ich auch immer als zutiefst nordisch empfunden. Sie hat es nicht nötig, mit wild marmorierten Säulen, gedrechselten Schnörkeln und vergoldeten Ornamenten zu protzen wie so viele der bayrischen Barockkirchen, die zu besichtigen mich mein Vater in meiner Jugend nötigte. Gerade die Schlichtheit von St. Michaelis ist es, die beeindruckt. Leicht und luftig, akzentuiert von zart vergoldeten Gesimsen und Kapitellen, entfaltet sie ihre freundlich-einladende Ausstrahlung und ist dabei nicht nur die jüngste, sondern auch die größte der fünf Hamburger Hauptkirchen. 2500 Besucher finden im Kirchenschiff Platz, und von ihrem Glockenturm hat man aus 106 Metern Höhe einen fantastischen Blick über die Stadt. Mit ihren fünf Orgeln, dem Posaunenchor und ihren zwei Orchestern gilt sie als große Musikkirche Hamburgs und bietet zum Beispiel den Bach-Wochen oder dem „Nordischen Weihnachtskonzert“ Mitte Dezember einen ganz besonderen Konzertsaal. Alle Jahre wieder lädt der Verein „Kinder helfen Kindern“ zu den „Märchen im Michel“, die sich zur Institution gemausert haben: Schwedische Lucia-Mädchen mit ihrer Lichterkönigin, der lettische Cantus-Chor oder der Petersburger Knabenchor, dazu stadtbekannte Märchen-Vorleser, mancher selbst schon eine Hamburgensie – schöner kann man sich in Hamburg auf die Weihnachtszeit nicht einstimmen.

Den Preis für den originellsten Kirchenkomplex hat jedoch eindeutig das finnische Ensemble verdient.

Es wartet mit Wohnräumen, eigener Bibliothek und sogar der landestypischen Sauna auf. Dort dürfen nicht nur Finnen schwitzen. OLE HYVÄ, VEDÄ heißt es an der gläsernen Eingangstür: Bitte ziehen. Aber Vorsicht bei der Terminplanung: „Während Juli und August sind die Saunen dienstags geschlossen." Mitte/Ende November jedoch stehen alle Kirchentore weit offen. Dann laden die Skandinavier zu ihren beliebten Weihnachtsmärkten ein. Rentierfell an Kokosbollar. Mmmmhh.
Und die Portugiesen? Kommen gern. Sind schließlich auch eine Seefahrernation.

Churrascaria „O Frango“ | *Restaurant*
Reimarusstraße 17, 20459 Hamburg, T. 040 317 940 85
www.churrascaria-ofrango.de
Hier zergeht einem in gemütlich-familiärer Atmosphäre Portugal auf der Zunge – und auf dem Holzofengrill (= „o frango“).

Chr. Weimeister | *Schiffsausrüster*
Johannisbollwerk 18, 20459 Hamburg, T. 040 399 06810
www.weimeister.com
Traditionelle Eisenkrämerei mit Produktauswahl von der Schiffsausrüstung über Werkzeuge bis zu maritimen Accessoires.

Heimat-Hafen-Hamburg | *Souvenir-Shop*
Johannisbollwerk 19, 20459 Hamburg, T. 040 270 80 09
www.heimat-hafen-hamburg.com
Ideenschmiede für maritime Hamburg-Geschenke im Recycling-Design, gegenüber von Rickmer Rickmers und Cap San Diego.

Skandinavische Weihnachtsmärkte Hamburg
in den nordischen Seemannskirchen
Ditmar-Koel-Straße 2, 4, 6 und 36, 20459 Hamburg
www.weihnachtsmarkt-hamburg.net
Die sehr beliebten Weihnachtsmärkte finden meist schon vor dem 1. Advent statt. Auf Gedränge und Geschiebe einstellen!

Hauptkirche St. Michaelis, Hamburger „Michel“
Englische Planke 1,
20459 Hamburg, T. 040 37670
www.st-michaelis.de
Steigen Sie auf den Turm! Nach 452 Treppenstufen (zur Not nehmen Sie den Fahrstuhl) gibt es den tollsten Ausblick der Stadt (Mai bis Oktober tgl. 9–20, November bis April 10–18 Uhr, letzter Einlass 30 Min. vor Schließung).

Ein Mahnmal mit Weitblick und seine schöne Nachbarin

Von St. Nikolai nach St. Katharinen

Ein paar Steinwürfe stehen sie voneinander entfernt, zwischen ihnen nur das Nikolaifleet und die sechsspurige Willy-Brandt-Straße. Doch bei aller räumlichen Nähe trennen sie Welten. Die eine ist heute Ruine, die andere noch immer – nicht nur in meinen Augen – die schönste der fünf Hauptkirchen Hamburgs. Überlebende sind sie beide, jede auf ihre Weise.

St. Nikolai, dem Schutzpatron der Seeleute gewidmet und nach dem Hamburger „Großen Brand" 1842 im Stil der Neugotik wieder aufgebaut, besaß bei ihrer Fertigstellung 1874 den höchsten Kirchturm der Welt. Der wurde ihr und Hamburg knapp 70 Jahre später zum Verhängnis, denn er wies im Juli 1943 den Bomberverbänden der britischen Operation Gomorrha den Weg. Während das Kirchenschiff in Schutt und Asche versank, blieb der Turm stehen.

Einen Eindruck von dem Inferno, das sich um ihn herum – vor allem im Osten der Stadt – ausbreitete, bekommt man nach rasanter Fahrt im gläsernen

Aufzug, der sich zum Glück im Inneren des 147,3 Meter hohen Turms befindet. Aus halber Höhe kann man den Blick weit über die Stadt schweifen lassen, vom Rathaus bis ans Ende der Außenalster auf der einen und über die Speicherstadt und die glitzernde HafenCity bis Harburg auf der anderen Seite. Historische Schwarz-Weiß-Aufnahmen von der Zerstörung Hamburgs ergänzen dort oben die jeweiligen Ausblicke. Kaum vorstellbar, dass diese schattenhafte Geisterstadt, in der jedes Leben erloschen schien, weitere 70 Jahre später wieder vibriert vor Energie. Auf einer der Fotografien ist neben durch Bomben versenkten Kähnen das ausgebrannte Kirchenschiff von St. Katharinen zu sehen. Obwohl gleich nebenan gelegen, war ihr ein anderes Schicksal beschieden als der hochgewachsenen Nachbarin.

St. Nikolai ist heute Mahnmal für die Opfer von Krieg und Gewaltherrschaft und ein Ort des Erinnerns. In der Ruine dokumentiert ein Museum die Kirchengeschichte, die Ursachen des Luftkriegs und die Folgen der Brandnächte für die Hamburger. „Barmbek ist nicht mehr“, heißt es lapidar auf einer Postkarte aus jenen Tagen, ein Satz, der einen frösteln lässt in seiner scheinbaren Gefühllosigkeit.

Ganz im Gegensatz dazu steht, vor Mauerresten des Kirchenschiffs, Edith Breckwoldts Plastik „Prüfung“. Unmöglich, davon nicht berührt zu sein. Ein Mensch sitzt, erschöpft und jenseits jeder Form von Trost, auf einem Backsteinhaufen, die Stirn in die Hände gestützt – Sinnbild der Verlassenheit und der Verzweiflung. Gewidmet ist das Kunstwerk nicht den Bombenopfern, wie man erwarten mag, son-

dern jenen des Kriegsgefangenenlagers Sandbostel bei Bremervörde, wo unter den Nationalsozialisten 50 000 Menschen aus ganz Europa zu Tode kamen.
„Auferstanden aus Ruinen" – die erste Textzeile der ehemaligen DDR-Nationalhymne – fällt mir ein, stehe ich vor St. Katharinen, gerade mal 200 Meter Luftlinie von der Gedenkstätte entfernt. Während die Gemeinde St. Nikolai 1962 am Klosterstern in Harvestehude ein ganz neues Gebäude erhielt und den Hauptkirchenstatus mitgenommen hat, wurde die Katharinenkirche an ihrem ursprünglichen Standort wieder aufgebaut. Die Außenmauern aus rotem Backstein konnten erhalten werden. Das Innere war nicht zu retten und leuchtet heute in reinstem Weiß, kontrastiert durch rote Bodenziegel im Fischgrätmuster. Die Schlichtheit des Interieurs, die schmucklosen Fenster, der lichte Raum sind es, die ihren Charme ausmachen. Der Turmschaft aus dem 13. Jahrhundert gilt neben dem Leuchtturm der Insel Neuwerk vor Cuxhaven (ja, auch der gehört zu Hamburg) als das älteste aufrecht stehende Gebäude der Stadt. An der heute frisch rekonstruierten Orgel hat Anfang des 18. Jahrhunderts schon Johann Sebastian Bach gespielt. So trutzig sie von außen aussieht, so bescheiden wirkt die Kirche von innen. Und so jung, dass ihr kein Zacken aus der goldenen Krone des dreistufigen Barockturms fällt, soll sie sich für eine Kunstinstallation größeren Ausmaßes hergeben.
Im Hamburger Architektur Sommer 2015 schwebte, leicht wie ein Flusskiesel, ein gewaltiger schwarzer Felsbrocken à la René Magritte im Kirchenschiff. Ein ziemlich überwältigender Anblick, der viele Kunstinteressierte nach St. Katharinen lockte. Eigentlich

hätte man das Ungetüm gleich hängen lassen können. Doch auch ohne herrscht wieder Leben im Sprengel, zu dem die neu hinzugekommenen Gemeindemitglieder der HafenCity zählen. Lesungen und Konzerte finden in der Kirche statt. Jeden Dienstagmorgen ist auf dem Katharinenkirchhof Markt.

Bei der „Holzbrücke" ein paar Schritte weiter (die entgegen ihrem Namen aus Beton gebaut ist) liegt auf dem Nikolaifleet nicht nur Hamburgs einzige Theater- und Kabarett-Location zu Wasser, schlicht „Das Schiff", sondern dort verläuft auch die quirlige Deichstraße. Einige der windschiefen Fachwerkhäuser stammen noch aus dem 17. Jahrhundert und sind neben den Krameramtsstuben beim Michel die ältesten Hamburgs. Sie haben den „Großen Brand" (der in der Deichstraße seinen Anfang nahm!), den Zweiten Weltkrieg und die Abrisswut der 1960er-Jahre hochkant überstanden und beherbergen heute urige Restaurants und Cafés, die nicht nur bei Touristen beliebt sind. Am wohlsten fühle ich mich im „Ti Breizh", der Crêperie im „Haus der Bretagne", die sich über zwei Etagen in sahniges Weiß kleidet. Nur der Eingangsbereich trägt Marinelook, denn dort verkauft die „Boutique de la Mer" die Streifenklassiker der französischen Kultmarke Saint James. Von einem der charmanten Bistrotische am Fenster durfte ich auf dem Nikolaifleet, der Urzelle des Hamburger Hafens, sogar eine historische Ewer-Flotille bewundern, die zwei Tiden lang dort festgemacht hatte; zu früheren Zeiten belieferten diese robusten Lastkähne unter Segeln die teils als Speicher genutzten Häuser mit Waren. Schräg gegenüber dümpeln im Rhythmus der Tide zwei bewirtschaftete Schwimmpontons auf dem Wasser oder ruhen in der Matsche. Die erinnert mich zwar immer an eine Haut aus Vollmilchschokolade, doch lieber ist mir die Chocolat Chaud in meiner Hand.

Mahnmal St. Nikolai
Willy-Brandt-Straße 60, 20457 Hamburg, T. 040 371125
www.mahnmal-st-nikolai.de
Gegenwart und Vergangenheit Hamburgs erschließen sich per Knopfdruck im gläsernen Aufzug des St.-Nikolai-Turms, derzeit allerdings noch hinter Baugerüsten. Ca. 2018 soll die Turmsanierung abgeschlossen sein und man oben wieder den vollen Durchblick haben.

Hauptkirche St. Katharinen
Katharinenkirchhof 1, 20457 Hamburg, T. 040 30374730
www.katharinen-hamburg.de
Bei Konzerten und im Gottesdienst erklingt in dem lichten, hohen Kirchraum mit den stolzen Säulen die 2013 eingeweihte „Orgel für Bach".

Das Schiff – Hamburgs Theaterschiff
Nikolaifleet/Holzbrücke 2, 20459 Hamburg
Tickets: T. 040 69650560, www.theaterschiff.de
Schnell, frech, musikalisch: Seit 1975 unterhält „Das Schiff" mit Kabarett, Literatur, Musik und Theater auf höchstem Niveau.

Ti Breizh | *Restaurant*
Deichstraße 39, 20459 Hamburg, T. 040 37517815, www.tibreizh.de
Die echt bretonische Crêperie mit angeschlossener „Boutique de la Mer" befindet sich in einem alten Kaufmannshaus von 1700.

Ewer Frieda | *Elbfahrten auf historischem Arbeitsschiff*
www.ewer-frieda.de
Eigner Jürgen Albers bietet Elbfahrten ab Finkenwerder.

Flussschifferkirche

Hohe Brücke 2, 22459 Hamburg, T. 040 783688

www.flussschifferkirche.de

Kirche mit Wellengang und kuscheligstes Gotteshaus Hamburgs. Der ehemalige Frachtkahn, liebevoll „Flusi“ genannt, wurde 1952 als schwimmende Kirche geweiht und lädt immer sonntags um 15 Uhr zum Gottesdienst auf dem Wasser. Es finden Lesungen, Konzerte und Vorträge statt; heiraten und sich taufen lassen können Sie hier auch. In Höhe Deichstraße einfach die Treppe zur Fußgängerbrücke Richtung Speicherstadt hoch und von dort rechts auf den Anleger abbiegen. „Flusi“ nimmt regelmäßig teil am Tag des offenen Denkmals, der Nacht der Kirchen und dem Hamburger VorleseVergnügen, einer Veranstaltung organisiert von Hamburger Kinderbuchautoren.

Amüsierquartier trifft Altbauwohnung

St. Pauli jenseits der Reeperbahn

Große Freiheit, „Die Ritze“, Musicals im Operettenhaus, „Café Keese“, „Grünspan“, Panoptikum, Beatles-Platz – und dazu Rotlicht ohne Ende. Wandeln auf den Spuren der „Fab Four“ aus Liverpool, daneben Bars, Klubs, Musiktempel, Theater, Tattoo-Studios oder einfach nur „Meile“. Viele Leuchttürme und -türmchen des Amüsements gibt es auf St. Pauli, und seit Kurzem rocken auch noch die Tanzenden Türme von Hamburgs Stararchitekt Hadi Teherani die Reeperbahn. Dass früher dort die Reepschläger ihre Hunderte Meter langen Taue flochten und verdrillten, was der Straße ihren Namen gab, ist sattsam bekannt. Heute sind dort gelegentlich andere „Schläger“-Trupps unterwegs, direkt neben der denkmalgeschützten Davidwache am Spielbudenplatz 31, Hamburgs bekanntestem und mit 14 000 Einwohnern auf 0,92 Quadratkilometern Europas kleinstem Polizeirevier.

Der Mix ist es, der diesen Kiez ausmacht. Manche nennen ihn lebendig, andere brisant, das ist eine Frage der Perspektive. Kulturbürgertum stößt hier

auf Szenevolk, Klubgänger auf abenteuerlustige Männerrunden, Touristen auf leichte Mädchen oder schwere Jungs und Teenies auf die eine oder andere Wodkaflasche. Dazwischen die ganz normalen St. Paulianer, die einfach dort leben, auf ihrem Kiez. Und ihn lieben. Denen es auf den Keks geht, wenn an jeder Ecke selbst ernannte Touristenführer ihre Erläuterungen übers Pflaster tröten.
Es gab Zeiten, da kannten sich meine nachtaktiven Teenie-Töchter in dieser Szenerie besser aus als ich, was nicht gerade zu einem geruhsamen Nachtschlaf beitrug. Vor allem zu meinem nicht. Im Gegenzug fanden sie es oberpeinlich, wenn ich in rosa Moonboots und Steppjäckchen durchs Haus stiefelte (mein Arbeitszimmer ist chronisch fußkalt), nicht ahnend, dass dies die klassische Uniform der jungen Bordsteinschwalben ist. Tempi passati. Inzwischen haben meine Moonboots das Zeitliche gesegnet, und ich schlafe wieder durch. Im Gegensatz zu manchem St. Paulianer jenseits der Reeperbahn, der froh ist, wenn sich die Besuchermassen nicht zu ihm nach Hause verirren.
Nach Hause, das heißt ins eigentliche St. Pauli, das gemütliche mit den vielen kleinen Kneipen und Restaurants, mit der Kastanie vor der Haustür, dem Torbogen zum Innenhof und den kopfsteingepflasterten Straßen und Bürgersteigen. Der schönste Platz „auf" St. Pauli ist für mich der Hein-Köllisch-Platz zwischen Reeperbahn und Hafenrand. Überrascht hat mich nur, dass es da einen solchen gibt. Kreuzbrav und bürgerlich wirkt er auf den ersten Blick, so als würde er eigentlich in Eppendorf oder Eimsbüttel liegen wollen, aber auch sehr romantisch mit seinen Gründerzeitfassaden, die abends heimelig er-

leuchtet sind, den Parkbänken unter filigranem Robinien-Grün und dem „Café Geyer“, das auch schon mal ein Jever oder einen Roten auf der Parkbank serviert, wenn drinnen kein Platz mehr ist. Im frühen Frühling flaniert man hier unter üppig rosa blühenden Kirschbäumen, mitten ins wellige Kopfsteinpflaster getupft wie von Van Gogh. Ebenso ins Pflaster getupft sind im Sommer die Grasbüschel. Anderswo als Unkraut diffamiert und geradezu manisch per Flammenwerfer bekämpft, darf es hier wachsen, wie und wo es will. Ist Natur. Gehört so. Punkt.

Schon 250 Meter weiter steppt wieder der Bär, zumindest bei schönem Wetter. Am „Café Geyer“ vorbei, entlang der Antonistraße, führt der direkte Weg zum Kunstprojekt „Park Fiction“ im Antonipark, einer von den St. Paulianern erkämpften Grünanlage im Viertel, die in der Tat ziemlich fiktional geraten ist. Erhöht am Pinnasberg zwischen St. Pauli-Hafenstraße und St. Pauli-Fischmarkt gelegen, wedeln bunte Palmenskulpturen aus Stahl Richtung Elbe, entstanden in Koproduktion mit Künstlern und nach dem St. Paulianer Lieblingscredo „Investor go home“. An lauen Sommerabenden lümmelt das zahlreich erschienene Fußvolk beschwingt auf dem wellenförmigen „Fliegenden Teppich“, spielt Basketball auf dem Mini-Spielfeld oder räkelt sich im augenzwinkernd „Open Air Solarium“ genannten Sonnenschein. Der traumhafte Blick über Hafenkräne und die hoch und trocken liegenden Kolosse in den Docks von Blohm + Voss sind nicht fiktiv. Der Müll, der vom Gelage zurückbleibt, auch nicht. Beides gibt’s gratis dazu.

Eine andere quietschbunte Fiktion hat man auf St. Pauli vor einigen Jahren verhindert. Die auf Initiative eines Hamburger Bausenators auf dem Spielbudenplatz geplante Kitsch-as-Kitsch-can Monumentalskulptur von Jeff Koons – zwei Riesenkräne, verbunden durch ein eindeutig zweideutiges Metallobjekt, an dem Mega-Schwimmring und Gummi-Ente baumelten – fiel bei den Bewohnern von St. Pauli durch. Nach der Devise: Trash haben wir selbst. Müssen wir nicht noch teuer aus Amerika importieren.

Einem St. Paulianer Urviech, von Jörg Immendorff überlebensgroß in Bronze gegossen, begegnen wir am turbulenten Hans-Albers-Platz: breitbeinig, das knautschige Schifferklavier lässig am Hosenbein baumelnd, Schiffermütze auf dem Schädel und die rechte Hand zum Gruß erhoben – oder blinzelt er nur in die Sonne? In Was-kostet-die-Welt-Manier steht er da, der coole blonde Hans, dieser Teufelskerl von Gottes Gnaden. Fast glaubt man es zu hören, sein „Auf der Reeperbahn, nachts um halb eins ...", dessen berühmte Refrainzeile in den Sockel der Skulptur gemeißelt ist. Allein: Das Hamburger Original ist eine Kopie. Ausgerechnet. Nach einem Streit mit dem Hamburger Senat hat Herr Immendorff sein 1986 installiertes Werk neun Jahre später kurzerhand wieder abbauen und nach Düsseldorf verfrachten lassen. Dort blickt der originale Hans nun über den Hafen – Düsseldorf? Hafen? Was mag das sein? –, während der hiesige Senat sich gezwungen sah, eine Kopie zu ordern. Die tut nun auf dem Hans-Albers-Platz, als sei sie die Nummer eins. War bestimmt billiger so, aber gut, dass Hans, der Echte, das nicht mehr erleben musste.

Keine 200 Meter sind es von ihm zu Reeperbahn und Spielbudenplatz. Und zu Schmidt Theater, Schmidts Tivoli und dem jüngsten Theaterspross Schmidtchen, das im Juni 2015 als kleinste Kiez-Bühne der Schmidt-Familie eröffnete. Seit Ende der 1980er-Jahre sind Corny Littmanns Privatbühnen mit ihren schrillen Inszenierungen ein Publikumsmagnet; auch für Besucherschichten, die sich sonst eher selten auf dem Kiez tummeln.

Gleich nebenan steht – unter Denkmalschutz und unter der künstlerischen Leitung von Ulrich Waller – eines der ältesten Privattheater Deutschlands, das St. Pauli Theater. 1841 als „Urania-Theater" eröffnet, firmierte es gut 50 Jahre später unter „Ernst Drucker Theater". Erst 1941 wurde es in „St. Pauli Theater" umbenannt, nachdem den Nationalsozialisten aufgegangen war, dass Ernst Drucker, der neben Plattdeutsch-Populärem auch Dramen von Henrik Ibsen und Gerhart Hauptmann aufführen ließ, Jude war. Ein bisschen eng sitzt es sich zuweilen im St. Pauli Theater und zu trinken gibt's, anders als bei Schmidts, nur in der Pause etwas, aber dafür hat man auch von den billigen Plätzen im zweiten Rang das Bühnengeschehen bestens im Blick. Moderne Boulevardstücke mit Top-Besetzung wechseln sich ab mit kabarettistischem Feuerwerk à la Horst Schroth, die legendären Liederabende von Franz Wittenbrink mit frechen Musicals jenseits der Groß-Produktionen im Hafen oder in der Neuen Flora. Und ein Programmschwerpunkt ist und bleibt Hamburg.

St. Paulis legendärste Straße, die Große Freiheit, hat man vom 2008 eingeweihten Beatles-Platz auf der anderen Seite der Reeperbahn aus bestens im Blick. Auf einer kreisrunden Fläche von knapp 30 Metern Durchmesser stehen die Edelstahl-Silhouetten der „Fab Four" wie auf einer überdimensionalen Vinylplatte. Allerdings zu fünft mit Bassist Stuart Sutcliffe wie zu ihrer frühen Hamburger Zeit 1960/61, als sie erst bei wenigen Fans „fabulous" waren. Beim Gastspiel 1962 saß dann statt Pete Best schon Ringo Starr am Schlagzeug. Leider verlottert der bei Touristen anfangs so beliebte Platz, auch zum Ärger der Anwohner. Die ins schwarze Kleinpflaster eingelassenen Stahlbänder mit den eingravierten Songtiteln sind zum Teil herausgerissen, John, Paul und die übrigen „Pilzköpfe" sehen reichlich abgerockt aus unter ihrer klebrigen Schicht aus Stickern und Kaugummi, und bislang bleibt es dem Engagement Einzelner überlassen, ihren Lieblings-Pilzkopf von den Spuren zu befreien, die Tausende Feierwütige unbekümmert hinterlassen. So war das mit der Großen Freiheit nicht gemeint, die an dieser Ecke beginnt.

Die Große Freiheit und die eine Parallelstraße weiter westlich liegende Kleine Freiheit heißen nicht etwa so, weil man dort der sexuellen Libertinage huldigte oder anderweitig hätte tun und lassen können, was man wollte. Sondern weil bereits im Altona des 17. Jahrhunderts, zu dem dieser Teil von St. Pauli damals gehörte, Religions- und Gewerbefreiheit für nicht zunftgebundene Handwerker herrschte und ein jeder, um es mit dem geflügelten Wort des Alten Fritz zu sagen, „nach seiner Façon selig werden" durfte. So weit war man in Hamburg noch nicht. Steinerne Zeitzeugen dieser freiheitlichen Gesinnung sind die katholische St.-Joseph-Kirche mit ihrer Barockfassade und die denkmalgeschützten Gemeindehäuser der Altonaer Mennoniten, Große Freiheit 73 und 75. In unmittelbarer Nachbarschaft finden heute Musikklubs wie die „Große Freiheit 36" mit dem „Kaiserkeller" und das

„Grünspan“ in Nr. 59 den regeren Zulauf. Der legendäre „Star Club“ hatte von 1962 bis 1969 in der Nr. 39 seinen Sitz, und im „Indra“ aus Beatles-Zeiten in der Nr. 64 wird noch immer live gespielt.
Ein Outdoor-Klub der grünen Art liegt auf einem ehemaligen Parkdeck zwischen „Grünspan“, „Indra“ und der St. Pauli Druckerei. Hier wirkt die Initiative „Gartendeck“. Selbstbeschreibung: „1100 Quadratmeter Dachgarten, 400 Quadratmeter Grünstreifen, rund 650 Bäckerkisten, ein Container, zwölf Schaufeln, zwei Schubkarren, 172 verschiedene Pflanzensorten, drei Bienenvölker, vier Komposthaufen und eine Wurmkiste.“ Mitmachen dürfen alle, die in der Lage sind, Hacke und Schaufel zu bedienen, und Lust haben auf Gärtnern mitten in der Stadt. Grüner Daumen ist nicht zwingend erforderlich, grüne Gesinnung hilft aber schon. Die Pflanzen sitzen hier in Mulchboxen wie im Setzkasten und sind entsprechend mobil für den Fall, dass die Brachfläche anderweitig genutzt werden und Grünfutter, Geranien und Glockenblumen umziehen sollen. Auch wenn man nur gucken will statt gärtnern: Ein Getränk oder auch zwei gibt's im Container immer und einen Sitzplatz davor auch.
Folgt man der Großen Freiheit weiter Richtung Norden, trifft man an der zweiten Kreuzung auf die Paul-Roosen-Straße mit ihren Cafés und lässigen Restaurants. Wie gesagt, die Mischung macht's auf St. Pauli. Zum Schluss daher noch ein echtes Trumm, und zwar das größte seiner Art in Europa. Am nordöstlichen Ende des Quartiers, auf dem Heiligengeistfeld, steht es: ein grauer Koloss, kantig, massig und unverkennbar ein Relikt aus dem Zweiten Weltkrieg. Der sogenannte Flakturm IV ist heute

Mahnmal und Musiker-Eldorado in einem. Der Luftschutzbunker für 18 000 Personen wurde einst als autarke Einheit mit eigener Strom- und Wasserversorgung einschließlich Krankenhaus und Flugabwehrgeschützen auf dem Dach geplant und binnen 300 Tagen von etwa tausend Zwangsarbeitern gebaut. Nach dem Krieg hat man die Sprengung gescheut, um Kollateralschäden zu vermeiden. Sinn machen die meterdicken Wände noch immer, denn unter Hamburger Musikern ist der Klotz eine Institution. Freaks auf der Suche nach dem ultimativen Gitarren- oder Keyboard-Sound tummeln sich dort, Absolventen der Hamburg School of Music oder die Gäste des Musikklubs „Uebel & Gefährlich", der ganz oben residiert.

Schön ist das Monstrum wirklich nicht, aber das soll sich nun ändern. Das Projekt „Hilldegarden" möchte dem Bunker aufs Dach steigen; die behördliche Genehmigung ist frisch erteilt. Europas größter Hochbunker soll pyramidenförmig um fünf Etagen aufgestockt und zum Dachgarten werden.

„Vertical Gardening" lautet das Stichwort, wenn auch die Aussichten nicht ganz so beängstigend vertikal sein dürften wie von den bewaldeten Hochhäusern, die in Singapur Furore machen. Von außen sollen begrünte Rampen nach oben führen, innen sind Gästehäuser, Künstlerateliers, ein Museum zur Bunkergeschichte und eine Sporthalle geplant. Für die 7590 Quadratmeter Terrassendach haben sich Anwohner und Planer auf einen Japanischen Garten mit Meditationsräumen, Hängematten und sogar einem kleinen Bach (!) geeinigt, der den stressgeplagten Städter in luftiger Höhe tiefenentspannen soll. Auf die Gefahr hin, dass selbiger nach meditativem Abhängen in der Hängematte gar nicht mehr runtermöchte.

Natürlich, wie könnte es auf St. Pauli anders sein, ist das Projekt umstritten. Die „Gartendeckler" von um die Ecke, zum Beispiel, fühlen sich auf den Schlips, pardon, auf den Mulch getreten; man sieht sich als Bio-Bewegung von unten, nicht von oben und argwöhnt mal wieder Investoren-Hype. Im Modell jedenfalls sieht das Ganze spannend aus – und gewiss besser als der Status quo. Wer weiß, womöglich avanciert das graue Monstrum noch zum Mont Saint-Michel Hamburgs. Nur das Wasser wäre ein bisschen weiter weg. Außer, die Polkappen schmelzen vorher noch ab ...

Café Geyer | *Bistro*
Hein-Köllisch-Platz 1, 20359 Hamburg, T. 040 49204051
Nettes Café zum Frühstücken oder auf ein Bier am Abend, im Frühling im Freien unter blühenden Kirschbäumen.

Park Fiction | *Aussichtspunkt*
Antonipark (Park Fiction), Pinnasberg/Antonistraße, 20359 Hamburg
Kleiner Platz mit modernen Rasenwellen, künstlichen Palmen und atemberaubendem Blick auf den Hafen.

Bar La Paloma | *Bar*
Hans-Albers-Platz 20, 20359 Hamburg, T. 040 31975581
www.la-paloma-hh.de
Jörg Immendorff schuf nicht nur das Denkmal auf dem Hans-Albers-Platz (heute Kopie), sondern gründete auch die Bar La Paloma, benannt nach Albers' Hit aus „Große Freiheit Nr. 7".

Schmidt Theater, Schmidts Tivoli, Schmidtchen | *Theater*
Spielbudenplatz 24–28, 20359 Hamburg,
Kartenhotline T. 040 31778899, www.tivoli.de
Die deutschlandweit bekannten Theater bieten schräg-schrille Unterhaltung – und jungen Künstlern und Newcomern eine Plattform.

St. Pauli Theater | *Theater*
Spielbudenplatz 29–30, 20359 Hamburg
Kartenreservierung:
T. 040 47110666
www.st-pauli-theater.de
Hamburgs älteste Privatbühne lockt mit modernem Volkstheater in den charmant altmodischen, denkmalgeschützten Zuschauerraum.

Beatles-Platz | *Denkmal*
Reeperbahn 174, Ecke Große Freiheit, 20359 Hamburg
Der kreisrunde Platz erinnert an die Anfänge der Beatles, die bei ihren legendären Auftritten 1960–62 in Hamburg „erwachsen wurden". Geht man in die Große Freiheit hinein, bewegt man sich auf ihren Spuren zum Beispiel im „Kaiserkeller" (Große Freiheit 36), beim ehemaligen „Star-Club" (Große Freiheit 39, Gedenktafel an der Wand im Innenhof) und im „Indra" (Große Freiheit 64). Das Grünspan (Große Freiheit 59) wurde erst in den 1970ern zur Legende und ist weiterhin quicklebendig.

Gartendeck | *Grünoase und Nachbarschaftsinitiative*
Große Freiheit 62–68, 20359 Hamburg,
www.gartendeck.de
Der urbane Garten auf einem Parkdeck fördert durch gemeinsames Gärtnern den Zusammenhalt im Stadtteil.

Café Kraweel

Paul-Roosen-Straße 6, 22767 Hamburg, T. 040 30725889
www.kraweel.com

In sicherem Abstand zur trubeligen Reeperbahn lässt sich von drinnen wie draußen das rege Treiben auf St. Pauli beobachten. Gemütlich-schrabbeliger 1950er-Jahre-Stil mit Omas Küchenbuffet, Plüschsofa und Cocktailsessel. Kaffee & Co. sind ausgesprochen lecker und es liegen jede Menge Presseerzeugnisse bereit. (Kraweel hat übrigens nichts mit Krawall zu tun, sondern steht für eine bestimmte Art, ein Holzschiff zu beplanken.)

Hochbunker Heiligengeistfeld

Feldstraße 66, 20359 Hamburg, www.hilldegarden.org
www.uebelundgefaehrlich.com

Das Beteiligungsprojekt „Hilldegarden" steigt dem Bunker für einen Stadtgarten aufs Dach. Andere gehen im Bunker feiern, zum Beispiel im Musikclub „Uebel & Gefährlich" im vierten Stock.

Hamburger Schulmuseum | *Museum*

Seilerstraße 42, 20359 Hamburg, T. 040 345855
www.hamburgerschulmuseum.de

Sehenswert für alle, die nicht bereits mit der eigenen Schulklasse da waren. Das Gebäude von 1886 dokumentiert die Schulgeschichte der Stadt seit der wilhelminischen Kaiserzeit. Öffnungszeiten nach telefonischer Vereinbarung.

Quirlig, szenig, kunterbunt

Die Schanze und das Karoviertel

Größer könnte der Kontrast im Schanzenviertel kaum sein. Auf der einen Seite dieses edle Hotel im ehemals höchsten Wasserturm Europas. Auf der anderen die Rote Flora, selbstverwaltetes Kultur- und Stadtteilzentrum mit Krawall-Image und eine Hamburger Ikone des Protests. Zwischen diesen beiden Polen hat sich „die Schanze" vom preiswerten Altbauviertel nicht nur zur angesagten Party- und Shopping-Meile entwickelt, sondern auch zum beliebten Zuzugsgebiet für junge Familien. Hauptanlaufstellen sind Schanzenstraße, Schulterblatt, Susannen- und Bartelsstraße. Vor allem abends und am Wochenende tobt hier das Leben. Oft auch im Chill-Modus, wie zum Beispiel auf der „Piazza" am Schulterblatt, zuweilen böse als „Werberstrich" verunglimpft.

Allerdings: Die Werber sitzen nicht alleine da. An einem x-beliebigen Samstagmorgen hängen überaus friedlich Anwohner, Studenten und Menschen von anderswo am Schulterblatt ab, trinken Käffchen und blinzeln in die Sonne. An Biertischen, die fast zehn Meter weit über den breiten Bürgersteig wachsen, wird in allen möglichen Sprachen geredet, gelacht, Zeitung gelesen, sich selbst oder die ramponierte Rote Flora gegenüber geknipst. Kult ist sie geworden, ein „Imagefaktor", ob es ihr und ihren Bewohnern passt oder nicht. Die Stimmung ist entspannt, und das eine oder andere Schnäppchen von der „Flohschanze", dem halb privaten, halb professionellen Flohmarkt um die Ecke, hat man bereits in der Tasche. Fast jeden Samstag zwischen 8 und 16 Uhr treffen sich rund um die Alte Rinderschlachthalle zwischen Stern- und Marktstraße Ramsch mit Raritäten, Design mit Omas Wohn-Dinos und Türkei mit Touristen. Also alles Friede, Freude, Eierkuchen? Im Prinzip, ja. Wenn es denn durchgehend so gelassen zuginge in der Schanze.

Tut es aber nicht. Gibt es mal wieder Theater im Viertel, steht im Zentrum meist die Flora. Theater war bei ihr schon immer – egal in welcher Ausprägung. Entsprechend geschunden sah sie aus, die alte Dame. Ob sie wirklich noch eine ist? Wer weiß das schon, bedenkt man, was sie alles hinter sich hat. 1889 als prunkvolles „Concerthaus Flora" eröffnet, wurde sie hundert Jahre später zur Roten Flora. In der Zeit dazwischen war sie Konzerthalle, Theater, Ballsaal und Variété. Kängurus sollen hier geboxt, Zarah Leander, Hans Albers und Johannes Heesters gesungen haben. Als Tabak- und Zigarettenfabrik hat die Flora gedient, als Möbellager für ausgebombte Hamburger, sowie in den 1950ern als Kino. Den Discounter „1000 Töpfe" hat sie überlebt, ein Phantom zum Teufel gejagt und sämtlichen neuen Nutzungsplänen widerstanden. Auch ihren aktuellen Bewohnern, die das Gebäude seit November

1989 besetzt halten, passt sie sich stoisch an. Zwar ohne Giebel, aber hoch erhobenen Hauptes und graffitigrell geschminkt mit politischen Parolen stand sie bis vor Kurzem da, ihre verlotterte Erscheinung eine einzige Provokation inmitten der braven Gründerzeithäuser um sie herum. Rot trug sie nur in ideologischer Hinsicht. Ganz oben aber, wo die Spraydose nicht hinkam, schimmerte noch ein Hauch von kulturbeflissenem Goethe-Gelb durch.

Im letzten Vierteljahrhundert machte die sturmerprobte Lady vor allem als linksautonomes Zentrum für Revoluzzer aller Art von sich reden. Wenn's kracht in Hamburg, dann da: brennende Mülleimer und Barrikaden, Wasserwerfer und zersplitterte Fensterscheiben – das volle Programm. Und die Rote Flora bildet regelmäßig die morbide Kulisse. Mit der Widerspenstigen Zähmung ist in diesem Theater wohl nicht mehr zu rechnen.

Optisch am wenigsten anhaben konnten ihr noch die britischen Bombenangriffe des Zweiten Weltkriegs; fast gänzlich unzerstört blieb die Flora stehen. Zum Verhängnis wurde ihr 1988 dennoch ein Brite: Andrew Lloyd Webber mit seinem „Phantom der Oper". Um einem Neubau für sein Musical Platz zu machen, riss man damals das Hauptgebäude und den „Crystallpalast" im Innenhof der Flora ab. Diese 2000 Besucher fassende Konzerthalle mit denkmalgeschützter Glas- und Eisenkonstruktion von Gustave Eiffel – genau: der vom gleichnamigen Turm – war knapp hundert Jahre zuvor aus Resten der Pariser Weltausstellung errichtet worden. Allen Anwohnerprotesten zum Trotz hat man sie nicht etwa eingelagert, sondern bedenkenlos verschrottet. Heute noch erhalten ist allein der Eingangsbereich der einstigen Flora. Wie traurig. Wunderschön muss er gewesen sein, dieser Crystallpalast. Welche Stadt dürfte sich nicht glücklich schätzen, ein solch funkelndes Juwel der Architekturgeschichte ihr Eigen zu nennen?

Das findet wohl auch der in Hamburg so verehrte Schauspieler Ulrich Tukur. Mit seiner skurrilen Band, den Rhythmus Boys, hat er dem verlorenen Kristall akustisch ein Denkmal gesetzt: „In meiner Straße steht ein alter Tanzpalast. Sieht traurig aus und steht lang schon leer ...", heißt es in seinem melancholischen Lied. „Es tanzen Träume da im Lukenlicht ganz wunderbar ..." Nicht nur die sind mit dem Crystallpalast verschwunden. Auch das unselige Operetten-Phantom musste sich nach der Besetzung der halb abgerissenen Flora eine neue Bleibe suchen und fortan in der Neuen Flora am Holstenwall spuken. In der alten, der „Roten", treiben seit damals andere unruhige Geister ihr Unwesen. Seit Sommer 2015 wurde sie übrigens auf Initiative der Aktivisten saniert, von innen und – Überraschung – auch von außen. Nicht nur ihre historischen Dreiecksgiebel sollte sie wiederbekommen, sondern auch einen frischen Putz mitsamt neuem Anstrich. (Der platzte als schwedisch-rote Farbbombe mitten in meinen fertigen Text. Dabei ist ein schwedisches Ferienhaus nun wirklich das Letzte, was mir zur Roten Flora eingefallen wäre.) Damit die Überraschung gelänge, war die Fassade vom Künstler Christoph Faulhaber durch eine Plane verhüllt worden. Titel seiner Installation: „Das Phantom".

Und nun? Alles für die Katz'? Womöglich verliert die Stadt nach den Ereignissen im Rahmen des G20-Gipfels 2017 in Hamburg doch langsam die Geduld mit ihren Rot-Floristen. In diesem Fall wären deren Tage vor Ort gezählt. Das Gebäude wird's überleben, wie immer. Das „Rot" der Flora aber könnte bald nur noch an der frisch renovierten Fassade prangen.

Das Kontrastprogramm liefert der 1910 errichtete Wasserturm im Sternschanzenpark, der nun tatsächlich schon immer außen rot ist. In Backstein gekleidet und rund 700 Meter Luftlinie von der Roten Flora entfernt, bildet er den hotelgewordenen Beleg dafür, was man mit dem nötigen Kleingeld aus alten Gemäuern machen kann, wenn niemand protestiert oder aller Protest nichts auszurichten vermag. 45 Jahre nach seiner Stilllegung eröffnet der Turm seit 2007 aus mehr als 200 Zimmern einen fantastischen Blick über Hamburg. Der Zugang ist unterirdisch, damit das Leben im Park nicht gestört wird. Selbstverständlich hat das rebellische Viertel sich auch in Sachen Hotel gewehrt, was das Zeug hielt, allen voran die Rot-Floristen. Dass fast jede Form von Umwidmung oder Sanierung allergische Reaktionen bis hin zu Krawall-Reflexen auslöst – alles ganz normal hier. Zu sehr fürchtet man Aufwertung und damit einhergehende Verteuerung des Standorts.

2010 publizierten zahlreiche bekannte Hamburger Künstler und Kulturschaffende das Manifest „Not In Our Name", worin sie sich dagegen verwahrten, als Kreativ-Faktor für die Stadtentwicklung vereinnahmt zu werden. Sie lehnten es ab, in den einschlägigen Vierteln für die kreative Aura sorgen zu sollen, damit das Stadt-Marketing mit dem Klischee von den „pulsierenden Szenen" global punkten könne, mit dem Ergebnis, dass sich die „Kleine-geile-Läden-Betreiber" die Mieten in den hip gewordenen Stadtteilen nicht mehr leisten könnten.

Allein, die Veredelung der Schanze ist kaum aufzuhalten. Schicke Geschäfte für Wohndesign wechseln sich heute ab mit Boutiquen, Fotogalerien und witzigen Kneipen, Bars und Cafés. Dazu kommen Restaurants von asiatisch bis orientalisch und von Stehimbiss bis Fernsehkoch. Street-Art vom Feinsten findet sich nicht nur in der Passage zwischen Bartelsstraße und Schulterblatt, sondern überall im Viertel und gerät damit zur Outdoor-Galerie. Kulisse für die schönste Konditorei-Patisserie Hamburgs, „Herr Max", ist ein ehemaliges Milchgeschäft. Türkise Jugendstilornamente unter der Decke bringen Schwung in ein Meer aus weißen Kacheln, die original erhalten sind. Und die Torten, Kuchen und Petits Fours sorgen für Glücksgefühle auf der Zunge. „Als spazierte einem der liebe Gott in Samthosen die Kehle hinunter", wie es in Marcel Carnés „Kinder des Olymp" heißt (dort natürlich – man ist in Frankreich – über einen Rotwein).
Seinen Namen hat das Schanzenviertel übrigens von der Sternschanze, einer sternförmig angeordneten Verteidigungsanlage, die 1682 auf einer eiszeitlichen Sanddüne vor den Toren Hamburgs errichtet wurde; dort, wo heute der Wasserturm steht. Vier Jahre später half sie, die Dänen abzuwehren, denen es gelungen war, vom damals dänischen Altona aus fünf Tage lang das heutige St. Pauli zu besetzen. Also, Krawall war an dieser Stelle wirklich schon immer.

Einen Hauch bürgerlicher, aber kein bisschen weniger hip geht es im Karolinenviertel zu. Das Karoviertel, jenseits des Schlachthofbereichs zwischen Messe und Dom gelegen, ist die kleine Schwester der

Schanze. Weniger laut, weniger hektisch, unangepasst und bisweilen fast dörflich gemütlich begegnen sich schräge Designerläden und alternative Szene in meist friedlicher Koexistenz. Banken oder Ladenketten gibt es dafür keine. Vielleicht ist das der Grund dafür, dass man in der Marktstraße, dem belebten Zentrum des Karoviertels, pausenlos die Straßenseite wechseln möchte. Allerorten lockt Schräges, Schrilles oder einfach was Cooles zum Anziehen. „Alpenglühen", „Elternhaus", „Nymphenfieber" oder „Pussy Deluxe" heißen hier die Läden. Der Mann von Welt oder der, der's werden möchte, kleidet sich bei „Herr von Eden" ein.

Schräg gegenüber bei „Lockengelöt" findet er zum stylishen Barschrank mutierte Ölfässer neben allem, was man aus schwarzen Vinylplatten so machen kann. Und als Mini-Mitbringsel für Gitarre spielende Teenie-Töchter ist ein Plektron in Pink, aus abgelaufenen Chipkarten gefertigt, genau das Richtige.

Noch mehr Vintage und zugleich das skurrilste und absurdeste Sammelsurium, das mir je begegnet ist, lässt sich bei „Senator Watrin" durchstöbern. Sofern man sich in seine Kellergalerie traut. Schon auf dem Gehsteig davor stapeln sich kistenweise Typen. Schrifttypen aus Metall: Antiqua, Helvetica, Garamond, alles da. Drinnen, beziehungsweise unten, lagert mehr davon. Viel mehr. Vorsichtig, um nichts umzureißen, balanciert man wie auf Samtpfoten durch die engen Gänge. Das gelingt nicht immer, denn einbeinige oder -armige Schaufensterpuppen, Radio-Oldtimer, Ausgestopftes und Eingemachtes, Geweihe, Schädel, Aschenbecher, Schlittschuhe, Spazierstöcke und Gartenzwerge türmen sich vom

Boden bis zur Decke und stehen im Weg. Man weiß nicht, wohin man Blick und Beine zuerst lenken soll. Alles ist fein säuberlich nach Produktgruppen arrangiert und stammt von anno Krug. Bis auf die kuriosen Kupferdrahtgespinste, die Herr Watrin persönlich anfertigt. Die sind eindeutig 21. Jahrhundert.

Flohschanze | *Trödelmarkt*
Neuer Kamp 30, 20357 Hamburg
Hamburgs kultigster Flohmarkt, direkt an der U3-Station Feldstraße – man fällt quasi aus der Bahn direkt in den bunten Trödel (Sa 8–16 Uhr).

Rote Flora | *Stadtteilresidenz der Linksautonomen*
Schulterblatt 71, 20357 Hamburg, www.rote-flora.de
Nach vielen „Besetzungsjahren" heute im Besitz der Stadt Hamburg, ist das Kulturzentrum Rote Flora keineswegs gezähmt, sondern ein politisches Zentrum autonomer Gruppen.

Mövenpick Hotel Hamburg
Sternschanze 6, 20357 Hamburg, T. 040 3344110
www.wasserturm-schanzenpark.de
Nicht nur das Äußere lässt den ehemaligen Wasserturm erkennen, auch im Innern des zum Hotel umgebauten Gebäudes sind originale historische Details erhalten.

LOKALDESIGN MÖDEC UG | *Design-Concept Store*
Schulterblatt 85, 20357 Hamburg, www.lokaldesign.de
Der Concept Store hat sich auf die Präsentation und den Verkauf von Möbeln und Wohnaccessoires von ortsansässigen Designtalenten spezialisiert.

Herr Max | *Café*
Schulterblatt 12, 20357 Hamburg, T. 040 69219951
www.herrmax.de
Auf plüschigen Möbeln im eigenwilligen Kacheldesign des ehemaligen Milchgeschäfts werden köstliche Kuchenkreationen kredenzt.

Erikas Eck | *Kultgastronomie*
Sternstraße 98, 20357 Hamburg, T. 040 433545, www.erikas-eck.de
Eine Legende. Erikas Eck, einst Treffpunkt für die Schlachthofarbeiter, serviert Frühstück um Mitternacht und deftige Katersnacks zu kleinen Preisen (Mo–Fr 17–14 Uhr, Sa/So 17–9 Uhr).

Hanseplatte | *Vinylscheibenshop*
Neuer Kamp 32, 20357 Hamburg, T. 040 28570193,
www.hanseplatte.de
Musikalische und sonstige Hamburg-Souvenirs bietet der kultige Plattenladen genau zwischen Schanzen- und Karolinenviertel.

Lockengelöt | *Designmanufaktur*
Marktstraße 114, 20357 Hamburg, T. 040 89001326
www.lockengeloet.com
Die Gelötemanufaktur führt in ihrem Sortiment „Schlüsselromane" und „Plattenteller", die Sie so bestimmt noch nicht kennen.

Herr von Eden | *Herrenmode als Ereignis*
Marktstraße 33, 20357 Hamburg, T. 040 65065200
www.herrvoneden.com
Der ganze Laden ist ein Plädoyer für den gut geschnittenen Anzug. Aber schauen Sie selbst. Lieferzeit ab 2 Wochen.

Galerielokal Senator Watrin
Marktstraße 29, 20357 Hamburg, T. 040 43184753
www.senatorwatrin.de
Genussvoll essen, trinken, lesen, spielen, stöbern und gern auch kaufen ist das Motto von Stephan Watrin. Ab 11 Uhr (So ab 12) bis ca. 20 (So 19) Uhr.

Von der No-go- zur To-go-Area

Im Gängeviertel

Wo bin ich hier? Etwa in Diagon Alley, der weltbekannten Winkelgasse und muggelfreien Zone, in der Zauberschüler Harry Potter die Utensilien fürs kommende Hogwarts-Schuljahr zu besorgen pflegte? Sieht ganz so aus. Zumindest ließe sie sich problemlos im Hamburger Gängeviertel verorten. Schräge Typen, Lebens- und sonstige Künstler tummeln sich hier und der eine oder andere schrill gestylte Freak. Ein paar Hexen und Zauberer à la Joanne K. Rowling würden gar nicht weiter auffallen.
Dabei ist es heute nur noch ein Schatten seiner selbst, das Gängeviertel, kümmerlicher Rest des einst vom Hafen bis in die Neustadt rund um den Hamburger Michel reichenden Gebiets. Auf engstem Raum und unter hygienisch mehr als fragwürdigen Bedingungen beherbergte es bis in die erste Hälfte des 20. Jahrhunderts Arbeiterfamilien und kleinteiliges Gewerbe. Überlebt hat es, fünf Minuten vom Jungfernstieg entfernt, sozusagen en miniature: zwischen den Straßen Valentinskamp, Caffamacherreihe, Speckstraße, wo 1833 Johannes

Brahms geboren wurde, und Bäckerbreitergang. Vor über hundert Jahren ein sozialer Brennpunkt und dem Untergang geweiht, präsentiert sich das gerade mal zwölf Häuser umfassende Überbleibsel heute als umtriebiger Hort von Kunst und Kultur. Quicklebendig, selbstverwaltet, wenn man die Bewohner lässt, und wild zur Zukunft entschlossen. Wenn's hier knistert oder brennt, dann vor kreativer Energie.

In jüngster Zeit haben sich Galerien angesiedelt, in eine ehemalige Gürtel- und Schnallenfabrik sind Künstler mit ihren Ateliers eingezogen, und in einem Hinterzimmer gibt sich in aller Plüschigkeit das „Café Salomé" trendig und nonkonformistisch zugleich. Street-Art-Künstler haben ihre bunten Werke an den Hausfassaden hinterlassen wie Tattoos, und auch im Innern offenbart manches Gebäude neben Uromas kleinkarierter Originaltapete so viele Farbschichten, dass sie sich bis in die 1850er-Jahre zurückverfolgen lassen.

Dass überhaupt etwas übrig ist von dem ehemals so typischen Hamburger Milieu, ist dem Protest von Bürgern zu verdanken, die vor einigen Jahren quasi über Nacht das schräge Quarrée okkupierten und den Verkauf an einen holländischen Großinvestor samt Abrissbirne verhinderten. Die Initiative „Komm in die Gänge" ist angetreten, das Relikt aus einer anderen Zeit in die heutige hinüberzuretten und es vor weiterem Verfall zu bewahren. Wobei die Vorstellungen, wie das zu bewerkstelligen sei, durchaus auseinandergehen. Immerhin haben die städtischen Behörden mittlerweile verstanden, worum's geht. Warum abreißen, was im Pariser Quartier Latin oder im Londoner East End so fasziniert? Wozu kreative Nischen zubetonieren und Glastürme daraufsetzen? Wo bleibt da die Seele? Kopfsteingepflasterte Gassen, Torbögen und Fachwerk haben eine und erinnern uns an die vermeintlich gute alte Zeit. Die Faszination hingegen ist eine sehr heutige Erscheinung. Vom komfortablen Sofa aus, mit LED-Beleuchtung, fließend warmem Wasser und einer funktionierenden Entsorgung von allem, was stört, lässt sich die Vergangenheit bequem romantisch verklären. Mit Romantik hatte das frühere Leben im Gängeviertel allerdings nichts zu tun.

In labyrinthartig verschachtelten Gassen, Gängen und Hinterhöfen ohne Kanalisation drängten sich dicht an dicht und über mehrere Etagen die typischen Fachwerkhäuser, teils mit winzigen Werkstätten darin und bewohnt bis in den hinterletzten Winkel. Feucht und dunkel war's; Fuhrwerke und Karren fanden kaum ein Durchkommen durch die schmalen Straßen und Torbögen, und so landeten Unrat und Kot in denselben Fleeten, aus denen das Wasser für den täglichen Bedarf geschöpft wurde. Eine Szenerie wie im alle Jahre wiederkehrenden „Kleinen Lord". Nur dass die Hamburger Häuser „in echt" auch noch mehrstöckig waren und sich nicht so einfach sanieren ließen. Damals wäre man froh gewesen, wegzukommen aus Enge, Armut, Gezänk und Gestank. Gutbürgerlichen Hamburgern galt der Ort als Brutstätte von Krankheiten, Kriminalität und kommunistischen Ideen. Absolute No-go-Area. Es war im Gängeviertel, wo 1892 die Cholera ausbrach und Tausende Tote forderte. Unter keinen Umständen hätte man freiwillig einen Fuß hineingesetzt in diese Ganovenhochburg, auch ohne Cholera

nicht. „Klein-Moskau" nannten die gehobeneren Kreise sie bis in die 1930er-Jahre hinein oder auch „rotes Gängeviertel", weil die Kommunistische Partei dort einen Großteil ihrer Anhänger hatte.
Bereits Ende des 19. Jahrhunderts begann man im Rahmen der Stadtsanierung mit dem schrittweisen Abriss der maroden Gebäude. Als Erste fielen die Arbeiterquartiere auf dem Areal der heutigen Speicherstadt. 24 000 Menschen mussten ihre billigen Wohnungen im Hafen verlassen und sich in der Neustadt oder den Randbezirken eine neue Bleibe suchen. In den 1930er-Jahren dann machten sich die Nationalsozialisten darüber her. Nicht nur als Kommunistenhochburg waren ihnen die Gänge ein Dorn im Auge, sondern auch als ursprüngliches Zentrum jüdischen Lebens, bevor die Hamburger Juden ins Grindelviertel und nach Harvestehude und Rotherbaum abwanderten. (Im Gängeviertel stand von 1859 bis zu ihrem Abriss 1934 die erste Hauptsynagoge Hamburgs, Kohlhöfen; es war die erste, die ihren Eingangsbereich offen zur Straße hin hatte und nicht hinter anderen Gebäuden versteckt lag.) Die letzte große Abrissaktion fand in den 1960er-Jahren statt. „Reißt doch das Rathaus ab ...", empfiehlt für die Zukunft ketzerisch Gängeviertel-Rapper Captain Gips auf YouTube.
Das wird nicht nötig sein, denn die Schlacht um die Gänge scheint geschlagen. Unbehelligt sind daher nun Altertümer ganz anderer Art zugange: Jeden letzten Sonntag im Monat, zwischen 17 und 22 Uhr, trifft sich die Generation Ü60 zum „Faltenrock!". So heißt eindeutig zweideutig die Party, bei der junges Gemüse nur in Begleitung einer Person über sweet little sixty zugelassen ist. Noch komme ich da nicht

alleine rein. Auf Besichtigungstour darf ich aber solo, auch wenn ich innerlich Anlauf nehmen muss, um mich hineinzutrauen. Dass man sich in diesem Umfeld allzu spießbürgerlich fühlt, lässt sich nur in Begleitung eines der selbstverwalteten Typen vor Ort verhindern.

Café Salomé und Jupi-Bar | *Kneipe*
Caffamacherreihe 37–39/Ecke Speckstraße, 20355 Hamburg
Schon vor der Sanierung 2016 war das Jupi quasi das „Wohnzimmer" der Gängeviertler, der Name eine Anspielung auf die „Yuppisierung" der Schanze. Nonkonformismus wird daher groß geschrieben in der entspanntesten Eckkneipe der Hamburger City. Jeder zahlt, was er für angemessen hält – oder gerade so im Portemonnaie hat.

Faltenrock-Tanzparty
Valentinskamp/Speckstraße/Caffamacherreihe – Gängeviertel
www.60plusparty.de oder Faltenrock-Tanzabend@web.de
Sorry, Leute, aber hier sitzen die Falten im Gesicht und nicht im Rock! Freier Eintritt ab 60 plus oder in Begleitung eines Seniors. Getränke und Snacks gegen Spende.
Eingang zum Gängeviertel: Valentinskamp 34, Anmeldung zur Führung über: rundgaenge@das-gaengeviertel.info

Ehemalige Reformsynagoge
Poolstraße 12, 20355 Hamburg
1944 traf eine Bombe das Hauptschiff der genau 100 Jahre zuvor von den Reformern des „Neuen Israelitischen Tempel-Vereins" eingeweihten Synagoge in der Poolstraße. In den erhaltenen Resten befindet sich heute ganz profan eine Autowerkstatt. Einer der schönsten Hinterhöfe der Stadt.

Von Käpt'n Bodos Reich

Steg-Hopping an der Alster

Wo gibt es das sonst in Europa? Einen 164 Hektar großen See mitten in einer Millionenmetropole. Ein paar Hundert Meter Luftlinie einfach nur Himmel. Und Wolken. Und Sonne. Und 3,4 Milliarden Liter Wasser, in dem sich all das spiegeln kann, die Binnen- und die Kleine Alster beim Rathaus noch gar nicht mitgerechnet. Viel Platz zum Seele-Baumeln-Lassen, eigentlich, zumal der größte Teil der Ufer öffentlich zugänglich ist. Wenn man denn seine Ruhe hätte und nicht die beliebteste Rennbahn der Hamburger Jogger um die Außenalster verliefe, knapp 7,4 Kilometer lang und wochenends oft so voll, dass man sich auf der Mönckebergstraße wähnt und vor lauter neonfarbenen Lauf-Shirts nebst ebensolchen Schuhen das Ufergrün nicht mehr wahrnimmt. Kiloweise Stress und Körpermasse werden täglich dort abgebaut; im Gegenzug gibt's nicht nur Muckis, sondern auch Ärger mit Leuten, die partout nicht einsehen mögen, dass man hier rennen soll. Um das Risiko einer Carambolage zu mindern, kommt der kluge Spaziergänger am besten wochen-

tags zwischen 10 und 15 Uhr oder er verkrümelt sich gleich Richtung Wasser, denn dort warten jede Menge Hamburger Perlen – und Kalorien – die man unfallfrei genießen kann.
„Käpt'n Prüsse" oder „Bodo's Bootssteg" heißen sie, „AlsterCliff", „Bobby Reich" oder „Café Hansasteg". Allen gemeinsam ist die Traumlage an der Hamburger Außenalster, Bootsverleih und/oder Café inklusive. Dabei halten sie hinreichend Abstand, sodass sie einander nicht ins Gehege kommen. Am östlichen Alsterufer werden in Höhe des Hotels Atlantic bei „Käpt'n Prüsse" die Segel gehisst. Mit der zur Segelschule gehörigen Kneipe verbindet mich neben lustigen Erinnerungen eine dicke Rechnung. Die wurde seinerzeit meinem frisch angetrauten Gatten präsentiert, nachdem er anlässlich der Brautentführung sehr lange gebraucht hatte, um mich zu finden. Schräg gegenüber auf der westlichen Seite, am Anleger Rabenstraße, liegt neben einer Armada von gestreiften Liegestühlen die Ruderflotte von „Bodo's Bootssteg". Nichts vermag mich hier zu stören außer dem fehlplatzierten Apostroph nach Bodos zweitem O und der unerwartet intensiven Pommes-Wolke, die fast schon beim Schnuppern sättigt. Dafür ist Handy-Gequatsche vom Liegestuhlnachbarn bei Bodo komplett verboten.
Einen Anleger weiter, am Fährdamm, macht sich das „AlsterCliff" mit seinem Sehen-und-gesehen-werden-Publikum breit: Leo-Jäckchen an Fransenstiefelette, der dazugehörige Vierbeiner chillt auf seiner ganz privaten Decke. Bei „Bobby Reich", seit 1883 am nördlichen Alsterende ansässig, sieht man so etwas eher nicht. Dafür schön Schiffiges aus Holz statt Plastik, wie die kernige „Albert" und die ele-

gante „Marotte". Ein Schattendasein, wenn auch ein uriges, führt an der Westseite der Krugkoppelbrücke das „Red Dog" mit der Bulldogge des berühmten Satireblatts „Simplicissimus" im Logo. In das ehemalige Toilettenhäuschen, rot geklinkert und diskret zwischen die Uferbäume gekuschelt, kommt man heute immer noch zum Sitzen, allerdings auf Barhockern statt Klobrille. Oder auf die sonnenbesegelte Terrasse, Blick aufs Wasser trotz Schatten garantiert.

Alstervergnügen jenseits des einmal jährlich stattfindenden Budenzaubers an der Binnenalster bieten die Uferperlen allesamt. Mit Vorsicht zu genießen sind allerdings die rund um die Alster ansässigen Ruderklubs. Nicht etwa, weil der sogenannte Mumien-Achter altersbedingt im Blindflug durch die Alster zischte, sondern weil Frauen nur im Rahmen von geschlossenen Gesellschaften Zutritt zur dortigen Gastronomie haben. Ansonsten gilt: für Wassermänner only. Das durfte ich feststellen, als ich an unserem ersten Hochzeitstag meinen Mann zum Frühstück in den „Ruder-Club Favorite Hammonia" einladen wollte, wo wir unsere Hochzeit gefeiert hatten. Ich musste draußen bleiben. Nix zu machen, obwohl ich Sternzeichen Wassermann bin! So gesehen hatte ich Glück, überhaupt an meiner eigenen Hochzeit teilnehmen zu dürfen. Wie kürzlich zu lesen war, will wenigstens der „Hamburg und Germania Ruderclub" seine ungeheuer zeitgemäßen Regeln lockern und auch Frauen zulassen. Sogar zum Rudern.

Am besten gefällt es mir beim „Café Hansasteg" in der Grünzone bei der Schönen Aussicht. Einen Tick abseits vom Trubel geht es dort unprätentiös und sympathisch bodenständig zu. Ob's an dem geringeren Angebot an Parkplätzen hier auf der Alster-Ostseite liegt? Oder an der Qualität der Gäste? Schaulaufen haben Vertreter der Alt-Hamburger Familien von diesseits der Alster nicht nötig, Leoparden-Jäckchen sind nicht ihr Stil. Leckere Kuchen gibt's, mit echter Sahne. Das übrige Angebot bewegt sich zwischen Bratkartoffeligem und Aperol Spritz. Und wenn sich ab drei Uhr nachmittags die Westsonne an der großen Weide vorbeigeschoben hat, möchte man nur noch die Augen schließen und sitzen bleiben, bis sie untergeht.

Sollte es ausnahmsweise mal regnen an der Alster, flüchtet man sich ins Literaturhaus am Schwanenwik, Hamburgs literarische Adresse Nummer eins. Der marmor- und lüstergeschmückte Stucksaal der spätklassizistischen weißen Villa verlieh einst rauschenden Ballnächten Glanz. In unseren weniger feudalen Zeiten ist er kulturelle Oase und bietet zugleich dem Literaturliebhaber, was er bei miesem Wetter braucht: gediegen-gedämpfte Wohlfühlatmosphäre in Café und Bar, Lesefutter aus der Buchhandlung Samtleben und, beschirmt von den wohlwollenden Blicken der Putten am Festsaalhimmel, einen herrlichen Alsterblick durch die großen Bogenfenster. Nobelpreisträger lesen hier, streitbare Geister diskutieren vor Publikum, Poetry-Slammer schleudern so virtuos wie atemlos ihre Zeitkritik in die Luft. Die Putten scheinen interessiert zu lauschen. Nur klatschen tun sie nicht.

Dabei wäre allein der Blick über die Außenalster einen Applaus wert. Er ist von überall grandios. Segelboote kreuzen haarscharf aneinander vorbei, nicht immer wegen Regatta, oft auch wegen Unkenntnis. (Vor allem bei schönem Wetter sollte man seine Vorfahrtsregeln kennen auf der Alster, denn dann ist die Jollendichte besonders hoch!) Stand-up-Paddler staken übers Wasser, ein junger Mann liegt rücklings, reglos und zutiefst relaxt in seinem Kajak, wie's scheint komplett ohne Paddel oder sonstigen Antrieb. Eine Flottille Stummelschlauchboote dümpelt Richtung „Bobby Reich" – mit Schwimmflossen als Do-it-yourself-Motor; sehr fröhlich guckt die Ein-Mann-Besatzung dabei nicht. Und ab und zu taucht mein Lieblingsalsterdampfer auf, die „St. Georg" von 1876, bei der noch eine echte weiße Dampfwolke aus dem Schornstein schmökt. Dazu die Hamburger Skyline mit ihren Kirchtürmen von St. Jacobi bis Michel, dem Rathausturm, den gläsernen Wellen der Elbphilharmonie, zum Glück nur temporär getoppt von den zahlreichen Baukränen, die rund um die Alster die Hälse recken. Dass Richtung Jungfernstieg keine Hochhausmonster die Aussicht ruinieren, ist der Binnenalster-Verordnung von 1949 zu danken, die neben grauen oder kupfergrünen Dächern und hellen spiegelfensterfreien Fassaden eine Gebäudehöhe von maximal 35 Metern erlaubt.

Am allerbesten aber ist es immer noch *auf* der Alster. Die Entdeckung der Langsamkeit vermag dort sogar junge Menschen zu verzücken, die ihr ganzes Leben in Hamburg verbracht haben und dann zum ersten Mal bei Sonnenuntergang und Südseetemperaturen mitten in der Stadt auf dem Wasser dümpeln. Vorausgesetzt natürlich, die Bootsbesatzung passt.

Bodo's Bootssteg | *Café und Bootsvermietung*
Harvestehuder Weg 1b, 20148 Hamburg, T. 040 4103525
www.bodosbootssteg.de
Handy-Gequassel am Steg? Nein, danke. Hier hat man die Sonnenstrahlen auf der Nase oder den Hamburger Niesel gefälligst in Ruhe zu genießen.

AlsterCliff | *Bistro/Café/Cocktailbar*
Fährdamm 13, 20148 Hamburg, T. 040 442719, www.alster-cliff.de
Bisschen Schickimicki, bisschen Yuppie, bisschen dickes Portemonnaie. Oder man tut ganz lässig so, als ob.

Bobby Reich | *Restaurant/Café*
Fernsicht 2, 22301 Hamburg, T. 040 487824, www.bobbyreich.de
Der Klassiker unter den Cafés an der Alster und Hamburgensie ersten Ranges. Neben Kaffee/Kuchen stehen Krabben und Flugente auf der Karte. Und der „Seeweg" zum romantischen Rondeelteich oder der Alsterlauf liegen um die Ecke. Von der Außenalster lassen sich derweil die dicht an dicht entlang der Fernsicht geparkten Cabrios besichtigen.
Bootsverleih von Kanu bis Segelboot.

Red Dog | *Bar und Café*
Krugkoppel 1, 20149 Hamburg, T. 040 444926, www.reddogcafe.de
Ehemaliges Toilettenhäuschen mit Strandbar-Charme trotz Schattendasein.

Café Hansasteg
Schöne Aussicht 20 a, 22085 Hamburg, T. 040 2200030
www.cafehansasteg.de
Ruhezone am Ostufer der Außenalster: unprätentiös und angenehm gelassen. Und wenn dann noch die Westsonne von gegenüber strahlt …

Literaturhaus Hamburg
Schwanenwik 38, 22087 Hamburg, T. 040 22 70 20 11
www.literaturhaus-hamburg.de
Wenigstens ein Kaffee sollte drin sein im womöglich schönsten Literaturhaus der Republik.

Alsterperle | *Café, Snacks und Alsterwasser*
Eduard-Rhein-Ufer 1, 22087 Hamburg, T. 040 22748273
www.alsterperle.com
Und noch ein Ex-Klohäuschen an der Alster, nur von einem Minigrünstreifen mit Gebüsch vom Literaturhaus getrennt. Man hängt auf Barhockern, Liegestühlen oder Parkbänken im Freien ab, gern auch mit den Füßen in der Alster, und genießt dazu Cocktail oder Alsterwasser. Im Glas!

Käpt'n Prüsse | *Segelschule und Bistro*
An der Alster 47, 20099 Hamburg, T. 040 2803131, www.pruesse.de
Seit 40 Jahren Kneipe mit Alsterterrasse und angeschlossener Segelschule. Es soll allerdings vorkommen, dass man mangels Wind die Wenden auf der Außenalster paddeln muss.

Alsterdampfer „St. Georg" | *Kanalfahrt*
T. 040 79522599, www.alsterdampfer.de
An vergangene Zeiten erinnert eine Fahrt mit der dampfgetriebenen „St. Georg". Statt Krinoline, Spitzenschirm und Anstandswauwau sind heute Hot Pants, Hipster-Brille und Handy-Kamera mit an Bord. Aber drei Mann Besatzung wie eh und je: Kapitän, Maschinist und Condukteur (Fahrten stündlich ab Jungfernstieg von 10.45 bis 16.45 Uhr).

Ein Hauch von Amsterdam

Auf dem Eilbekkanal

Die Sonne kämpft sich durch den morgendlichen Nebel. Erstes weiches Lichtflimmern zeichnet helle Flecken aufs Wasser. Ein Blesshuhnmann oder ganze -familien kieksen ihre heiseren Töne über die Wasserlandschaft, fünf Meter unterhalb des Straßenniveaus. Zaghaft beginnen die hundert Jahre alten Bögen der Wartenau-, der Richard- und der Wagnerstraßenbrücke sich im grünbraunen Wasser zu spiegeln. Eine Ahnung von Venedig kommt auf, ein Hauch von Amsterdam. Wenn nicht so futuristisch anmutete, was da unter den dreiarmigen Laternen der Richardstraßenbrücke sonst noch in den Fluten schwimmt. Ist das mehr Haus oder mehr Boot? Eher schwimmendes Büro, bruchgelandetes UFO oder Wohn-Oase auf dem Wasser? Völlig egal. Auf der Stelle umziehen möchte man, wenn man mit dem Alsterdampfer den Eilbekkanal befährt oder an seinem Uferweg entlangspaziert. Was in London, Kopenhagen, Paris und Amsterdam so charmant wirkt, hat auch in Hamburg endlich einen Ort gefunden. Besser noch: einen Liegeplatz.

Licht, Luft, Wasser, Grün – idyllischer und dabei zentraler kann man kaum wohnen, drei Kilometer von der Innenstadt entfernt, zwei zum Bahnhof und eineinhalb zur Außenalster. Irgendwann hat das auch die Behörde für Stadtentwicklung und Umwelt eingesehen und auf vielfache Anfrage hin 2006 das Pilotprojekt „Wohnen auf dem Wasser" gestartet. Mehr als 400 Möchtegern-Bauherren reichten ihre Pläne ein, die meisten davon Architekten. Die innovativsten Projekte wurden ausgewählt, und zehn glückliche „Flussschiffer" kamen bis dato in den Genuss, ihren Traum auf dem Eilbekkanal realisieren zu dürfen. Kreative zumeist, auf der Suche nach einem neuen Lebensmodell. Zehn weitere Liegeplätze sind geplant. Bei meinem Besuch zähle ich aber nur neun Wohnschiffe. Wo ist das zehnte hin? U-Boot? Stöpsel rausgezogen? Wohl kaum.

Die „behausten" Anwohner entlang Uferstraße und Eilenau wussten erst nicht so recht, wer da eigentlich hinzieht, in die neuen Hausboote. Hippies? Yuppies? Auf jeden Fall suspekt waren sie, diese neuen Nachbarn, und nicht bei allen willkommen. Doch die Skepsis hat sich gelegt. Dass Eigner Nummer zehn noch nicht festmachen konnte, ist wohl eher dem Preis fürs Schöner Wohnen auf dem Wasser geschuldet und der Tatsache, dass die Stadt noch keinen Nachfolger aus der Bewerberliste nominiert hat.

Zugegeben: Klein-Amsterdam ist das hier noch nicht. Außerdem zumeist mehr Haus als Boot, bis auf die „Peißnitz" vielleicht, den zum Wohnschiff umgebauten Schubkahn aus der DDR. Aber es ist ein Anfang. Und ein spannender Schauplatz für Architekturinteressierte und Designliebhaber. Mancherorts wird die Perfektion des Designs witzig gebrochen – durch an der Reling baumelnde Rettungswesten oder -ringe, durch Kanu oder Surfbretter auf dem Bootsdeck. Neben dem giftig grünen Plastik-Benjamini hängt die Angelroute außenbords, mit der das Abendessen an Land geholt werden kann. Das Flüsschen, das auf ehemals schleswig-holsteinischem Gebiet als „Wandse“ in den Mühlenteich fließt und als „Eilbek“ wieder herauskommt, ist überraschend fischreich; auch neugierige Waschbären wurden gesichtet. Die Veloroute 6 von der City nach Volksdorf führt hier vorbei. Und so mancher Läufer zieht den verträumten Weg am Eilbekkanal dem „Highway“ um die Alster vor: am Kuhmühlenteich vorbei, die Eilbek entlang bis zum Mühlenteich. Sogar über frostige Winter freuen sich die Bootseigner: Dann kann man vor der Haustür Schlittschuh laufen. Und der Weihnachtsbaum friert schon mal mitsamt seinem Extra-Ponton fest.

Auf dem Wasser lebt es sich besonders: Hausboote auf dem Eilbekkanal in Hamburg, Barmbek-Süd.

Alsterdampfer „St. Georg" | *Kanalfahrt*
T. 040 79522599, www.alsterdampfer.de
Sehen Sie hierzu Seite 107.

Veloroute 6: City bis Volksdorf | *Fahrradtour*
www.hamburg.de/radtour („Alltagsroute")

Vom Sperrgebiet zum Szeneviertel

St. Georg

Einen richtig guten Ruf hatte St. Georg nie. Zwischen südöstlichem Alsterufer und dem Hamburger Hauptbahnhof gelegen, leitet sich sein Name von einem Lepra-Hospital ab, das 1194 außerhalb der Stadt gegründet worden ist und auf dessen Ländereien später unerwünschte Gewerbe wie Schweinezüchter ausgelagert wurden. 1564 entstand zudem ein Pestfriedhof, und seit 1554 drohte hier der Hamburger Galgen. Gemessen an dieser Vorgeschichte, ging es mit St. Georg immer nur bergauf. Um die letzte Jahrtausendwende legte das 1868 formal ins Stadtgebiet eingegliederte Quartier geradezu einen Quantensprung hin in puncto Reputation.

Rotlichtbezirk, Drogenszene, Schmuddelviertel, dieses Image hatte St. Georg bis weit in die 1990er-Jahre hinein. Nix für die höheren Töchter und Söhne aus den angrenzenden Vierteln der gehobenen Bourgeoisie. Mit Schmuddelkindern spielt man nicht. Oder vielleicht gerade? Es ist viel passiert in St. Georg, nicht nur in krimineller Hinsicht, denn mittlerweile gilt: St. Georg, der Ort für Nachtschattengewächse mit gierigem oder verlorenem Blick, die Unterarme gepixelt von Einstichstellen – das war einmal. Besucher- und Anwohnerschaft haben sich deutlich up-gecycelt in jüngster Zeit. Gentri...-wie-hieß-das-noch? Es ist hip geworden, hier zu leben in den stuckverbrämten Altbauwohnungen mit Fischgrätparkett – und mittlerweile auch teuer, da viele von Miet- in top renovierte Eigentumswohnungen umgewandelt wurden. Der einst verrufene Stadtteil hat nicht nur seinem großen Altbaubestand ein Lifting verpasst, sondern zugleich seiner Außenwirkung.

High ist man heute eher vom cool-relaxten Ambiente, denn auch die Schwulenszene, gern assoziiert mit Kreativität und urbaner Lebensart für Fortgeschrittene, ist in den 1990ern hier heimisch geworden. In St. Georg findet sie nicht nur die passenden Cafés und Klubs vor, sondern seit Neuestem sogar eine zielgruppengerechte Ampelanlage. An der Kreuzung Kirchenallee/Lange Reihe, die zu den schönsten altbaubestandenen Straßen Hamburgs zählt, regelt die „Vielfaltampel“ seit Juli 2015 mit je einem schwulen und einem lesbischen Ampelmännchen/weibchen-Paar den Verkehr.

Trotzdem. Trotzdem finde ich, das skandalberuhigte Viertel zwischen Alster und Hauptbahnhof ist noch immer ein Ort für die Nacht. Auf jeden Fall aber für „wenn's dunkel ist“. Die Dunkelheit erst bringt die ehemaligen Spelunken und Kaschemmen in und um die Lange Reihe zum Leuchten, in deren Nummer 71 übrigens Hans Albers geboren wurde. Zu gemütlichen Restaurants à la française wie das „Cox“ haben sie sich gemausert oder zu angesagten Bars und Kneipen; letztere ein starker Anziehungs-

punkt für Studenten, auch wenn sie sich die Mieten lange nicht mehr leisten können. Ein bezahlbares WG-Zimmer gilt als Rarität, ein Bier oder ein Caipi sind aber immer noch drin.
Tagsüber: alles ganz nett. Wohnläden mit angesagtem Krimskrams machen sich um den kopfsteingepflasterten Marktplatz breit, nordisch, Fifties, Seventies, ebenso Boutiquen für die Individualistin mit dem richtigen Style, gern in Kaschmir plus Leder. Daneben ein Edel-Bulettengrill mit Bar und Burger light, vegan und classic auf der Speisekarte, der auf individuell macht, aber klammheimlich zu einer Kette gehört. Merkt man erst, wenn man ihm anderswo im Norden wiederbegegnet. Zwischen Alsterufer und Bahnhofsgetriebe bewegt sich das großstädtische Publikum, die arbeitende Bevölkerung aus Werbeagenturen und Kanzleien, dazwischen die Omi mit Rollator oder Hackenporsche, Blume vom Markt obenauf und Dackel an der Leine. Auch das Bürgertum zwischen 35 und 65 schaut gern vorbei. Ein Hotspot, vor allem zur Vorweihnachtszeit, ist das Atelier- und Werkstatthaus „Koppel 66“, wo Maler, Schmuck- und Drechselkünstler arbeiten und ausstellen.
Großkultur gibt's in beiden Richtungen gleich um die Ecke: Beim Hauptbahnhof ist das Deutsche Schauspielhaus seit Intendantin Karin Beier wieder ein Publikumsmagnet. Das Thalia Theater mit dem benachbarten Restaurant „Weltbühne“, der Theaterbar „Nachtasyl“, für die man viele Stufen erklimmen muss bis unters Kuppeldach, und seinem, so scheint's, auf ewig ausgebuchten Kultklassiker „Thalia Vista Social Club“ hat nie aufgehört, einer zu sein. Wer nach einem aufwühlenden Theater-

abend in St. Georg einen Schlafplatz für eine Nacht sucht oder auch zwei, der könnte sich das Hotel Wedina anschauen. Und vielleicht den einen oder anderen Autor treffen, denn gegliedert in fünf Design-Häuser von rot bis pink hat sich das Haus neben individuellem Wohnen der Literatur verschrieben. Einmal im Monat findet in Kooperation mit dem Hamburger Literaturhaus (siehe Seite 85) nicht nur für Menschen mit Pyjama im Gepäck ein literarisches Frühstück statt. Zudem erfreut die Lesereihe „Autoren im Hotel" ihr Publikum. Die Autoren übrigens auch, denn Schriftsteller auf Reisen nächtigen hier umsonst – sofern sie ein handsigniertes Exemplar ihres neuesten Werks hinterlassen.
Schade, dass ich ohnehin in Hamburg wohne. Für eine Nacht im „Wedina" könnte ich mir glatt vorstellen, meinem heimischen Bett untreu zu werden. Dafür würde ich aus meinen Krimis für Jugendliche zur Not auch deren Eltern vorlesen. Die peile ich ohnehin als Zielgruppe an.

Cox | *Restaurant*
Lange Reihe 68 / Greifswalder Straße 43, 20099 Hamburg
T. 040 249422, www.restaurant-cox.de
Frankophiler Charme hinter großen Bogenfenstern, nur einen Steinwurf entfernt von Schauspielhaus, Staatsoper und Museumsmeile.

Koppel 66 mit „Café Koppel" | *Atelierhaus*
Lange Reihe 75/Koppel 66, 20099 Hamburg, T. 040 249235
www.cafe-koppel.de
Dichtes Gedränge herrscht zu Ausstellungszeiten im Atelier- und Werkstatthaus. An „normalen" Tagen lässt sich in aller Ruhe bummeln. Und dann einkehren im vegetarischen „Café Koppel".

Hotel Wedina | *Hotel mit historischem Anspruch*
Gurlittstraße 23, 20099 Hamburg, T. 040 2808900
www.hotelwedina.de
Immer wieder samstagmorgens (also Sonnabend!) findet das Hamburger Lesefrühstück statt. Das Büffet kostet inklusive Lesung 20 €. Zuhören ohne Essen geht aber auch: Lesung ohne Frühstück 5 €.

Policke Herrenkleidung
Böckmannstraße 1a, 2 und 56, 20099 Hamburg, T. 040 28409590
policke1.p2-men.de
So geht stressfreies Shoppen für Männer: Mit ihrem geschulten Adlerauge haben die Mitarbeiter von Policke auf einen Blick die richtige Größe heraus und fischen das Passende aus den wie in einem riesigen begehbaren Kleiderschrank über vier Etagen dicht an dicht hängenden Anzügen, Sakkos, Hosen, Mänteln, Fräcken und Smokings. Kurz anprobieren, zahlen, fertig. Ein Traum.

Deutsches Schauspielhaus | *Theater*
Kirchenalle 39, 20099 Hamburg, T. 040 248710
www.schauspielhaus.de
Im Jahr 1900 eröffnet, ist das neobarocke Schauspielhaus mit Plätzen für fast 1200 Besucher die größte deutsche Sprechbühne. Eindrucksvoll machte Michel Houellebecqs „Unterwerfung" mit Edgar Selge Furore.

Thalia Theater
Alstertor 1, 20095 Hamburg, T.040 32814444, www.thalia-theater.de
Wer den stufenreichen Aufstieg bis unter die Theaterkuppel nicht scheut, stattet nach der Vorstellung der Theater-Bar „Nachtasyl" einen Besuch ab.

Weltbühne | *Restaurant*
Gerhart-Hauptmann-Platz 70, 20095 Hamburg, T. 040 30393250
www.weltbühne.net
Und vor der Vorstellung? Auf ein Gläschen oder mehr in die „Weltbühne" gleich neben dem Thalia. Schwarz-weiße Mosaikfliesen auf dem Boden, Kristalllüster an der Decke und Cognactöne für alles dazwischen sorgen für ein elegantes Ambiente.

Markt-Forschung bourgeois

Auf Schnupperkurs rund um den Isemarkt

Kann man eine Straße steigern? In Hamburg kann man. Zumindest rückwärts. Besagte Straße verläuft parallel zum Isebekkanal und schlägt einen Bogen von der Hoheluftchaussee im Süden bis in den besonders vornehmen Teil von Harvestehude im Norden. „Zylinderviertel" nannte man jenen im Volksmund, da Mann vor 150 Jahren dort zum feinen Zwirn Zylinder zu tragen pflegte. Das tut er heute nicht mehr, doch gut betucht ist er immer noch. Die Straße selbst heißt Isestraße, und steigern rückwärts geht so: Isestraße, Miese Straße, Fiese Straße. Welches Ende für den Superlativ steht? Das hängt von den Beurteilungskriterien ab.

Legt man das geschätzte Jahreseinkommen pro Haushalt zugrunde, ist eindeutig die Ise zwischen Oderfelder Straße und Heilwigpark „super". Das Ambiente sehr privat, die viergeschossigen Gründerzeitvillen mit ihren 250-Quadratmeter-Wohnungen sehr weiß, die imposanten hölzernen Eingangsportale sehr Jugendstil und die Bevölkerung, soweit sichtbar, sehr zugeknöpft. Einen Blick hinter die großbürgerliche Fassade werfen würde man ja gern mal, aber: geschlossene Gesellschaft. Manikürte Vorgärten, gerahmt von brusthohen schmiedeeisernen Zäunen, fungieren als Abstandhalter zur Straße und halten zugleich jene auf Distanz, die nicht dazugehören. Eine Enklave des Wohlstands mit fast dörflichem Charakter, die rückwärtigen Gärten idyllisch am seerosengeschmückten Kanal gelegen.

Legt man einen anderen als den pekuniären Maßstab zugrunde, zum Beispiel Farbe, Lebendigkeit, Bewegung, so macht die Fiese Ise klar das Rennen. Wobei „fies" in diesem Fall nicht nur ziemlich relativ, sondern in hohem Maße selbstironisch und der Hamburger Schnoddrigkeit geschuldet ist. Als das Fiese an der Ise zwischen Hoheluftbrücke und Eppendorfer Baum gelten im Stadtteil die „kleineren" Grundrisse der Altbauten (plus-minus 130 Quadratmeter), vor allem aber die zweigleisige Hochbahntrasse, auf deren Stahlstelzen im Dreiminutentakt rot-graue U-Bahnzüge an den Bel-Etagen vorbeidonnern. Darunter – und das ist der ganz eigene Superlativ der Fiesen – verbirgt sich dienstags und freitags wie in einer Art Mega-Carport der längste Freiluftmarkt Europas.

250 Stände hat er zu bieten und 1,2 Kilometer ist er lang, eine Strecke, die der einigermaßen flotte Fußgänger normalerweise in zehn Minuten bewältigt. Auf dem Isemarkt ist daran nicht zu denken. Automatisch und augenblicklich macht die Nase sich selbstständig, beginnt zu schnuppern. Ein Lammlachs, in Provence-Kräuter gehüllt, weht vorbei. Feinste Käsesorten aus Frankreich drängeln ihn weg. Italienische Olivenpaste springt einen an, und da, dieses Zimtige in der Luft mit einem Hauch von

Ich-weiß-grad-nicht-was, wo kommt das jetzt wieder her? Meine überforderte Nase hat keine Ahnung, wohin sie zuerst schnüffeln oder mich zum Probieren schicken soll. Dazu locken Auslagen in Multicolor das Auge mal hierhin, mal dorthin und die Füße hinterher. Pilze in den absonderlichsten Gestalten und allen Schattierungen von Braun, Gemüse von lauchzwiebelbleich bis satt aubergine, Blumen, die man am liebsten alle auf einmal mitnehmen würde. Oder wenigstens alle blauen. Dazu Eingelegtes, Genudeltes, Gefischtes. Schmuck, Folkloreklamotten, Kinderspielzeug. Lifestyle-Produkte wie die faltbare Vase aus Plastikfolie, fies grüne „Urban Detox Smoothies" (klingt wie Kosmetik-Kauderwelsch, ist aber ein Gesundheits-, pardon, Health-Drink) und Bio-Hundevollnahrung (dieses Wortungetüm verstehe ich zwar, doch leider fehlt mir das Verständnis). Alles zusammen gestaltet sich so farbenfroh, bis auf den Bio-Vollhund vielleicht, dass es komplett egal ist, was das Wetter gerade macht. Grau in Grau? Komisch. Gar nix von bemerkt. Und nass wird man unter dem Viadukt mit dem Eiffelturm-Charme sowieso nicht.

Praktischerweise sind die Marktstände in zwei langen Reihen angeordnet, sodass man ohne Gedränge und wie von allein an allem vorbeikommt. Rauf und runter statt kreuz und quer. Dabei begegnen einem die gediegenen Anwohner zwischen Anwalt und Althippie, Lady und lässig, Pferdeschwanz und Pagenschnitt, Letztere in der Farbskala von Blond bis Grau. Obenrum Design in Butterblumengelb zur Jeans, untenrum Espadrilles. Dazwischen lehnen Handwerker am Stehtisch, machen ein Päuschen vom Altbau-Sanieren und kommentieren womöglich die Spleens der anspruchsvoll-pingeligen Bauherren. Alternativ das an den Nerven der Fans zerrende Auf und Ab des HSV.

Schnack am Stand muss sein, man kennt sich. Gern auch Schnack im Mittelgang, den man prompt mit Maxwell an der Leine oder Pia-Marie im Buggy unpassierbar macht. „Oh, pardon, hab ich Sie blockiert?“ Touristen bestaunen die Angebotsfülle und die unverwüstlich selbstbewussten Anwohner. Nebenbei ist Volkes Stimme zu hören, herzerfrischend verkörpert durch eine Marktbeschickerin mit Mini-Stand: „Mir ist das jetzt zu windig hier. Ich hau ab. Kein' Bock mehr.“ Spricht's, stopft alles in eine Riesentasche und weg ist sie. Ist ja auch schon Viertel nach eins. Früher sollen die Preise auf dem Isemarkt übrigens je nach Stand-Ort variiert haben. Bisschen teurer Richtung Eppendorfer Baum, bisschen preiswerter Richtung Hoheluftbrücke. Ob das heute noch so ist? Keine Ahnung. Bis in die Niederungen von Euros und Cents habe ich die Marktforschung nicht betrieben. Schließlich macht alles andere dort viel mehr Spaß.

Ein standesgemäßes Naherholungsgebiet liegt gleich um die Ecke vom Isemarkt. Nach dem Motto „Gründerzeit trifft Grünanlage“ schmiegt sich der idyllische Innocentiapark, von den Anrainern liebevoll „Inno“ genannt, ins gediegene Villenquarrée. Achteckig wie die Pariser Place Vendôme ist er nur im Prinzip oder vielleicht noch im Winter, denn sommers verwuschelt üppiges Grün die Ecken bis zur Unkenntlichkeit. Der „Rodelberg“, wie es großspurig auf den Wegweisern heißt, ist nicht viel höher als ein Ameisenhaufen, aber für die ganz Kleinen genügt's. Wer gerade kein Kleinkind dabei hat und auch keinen Schlitten, kann sich im Café „TH2“, Ecke Isestraße/Klosterallee, nah-erholen. Dort sitzen die Herrschaften in Reih und Glied wie im Theater, Blick Richtung Marktleben und Hand am Latte-Macchiato-Glas, bereit, alles durch den Kakao zu ziehen, was sich bewegt.

War da noch was? Da war doch noch was: die Miese Ise natürlich, die jenseits der U-Bahn-Station Eppendorfer Baum zwischen der Fiesen und der Ise liegt. Typisch für die markanten weißen Gründerzeitgebäude ist die Hufeisenform, Modell „Hamburger Burg“. Bei ihren Bewohnern dürfte sie automatisch ein Gefühl der Geborgenheit erzeugen, gleichzeitig jedoch Ein- und Aussichten gewähren wie in Hitchcocks „Fenster zum Hof“. Solange niemand seine Gattin unter den Rosen im Vorgarten verbuddelt, ist das allerdings kein wirklich mieses Problem.

Isemarkt | *Wochenmarkt*
www.isemarkt.com, Isestraße zwischen Hoheluftchaussee und Eppendorfer Baum, 20149 Hamburg
Bummeln auf dem längsten Freiluftmarkt Europas kann dauern. Bunt ist es, zum Anbeißen riecht es und die Anwohner sind eine Schau für sich (Di und Fr 7.30–14 Uhr).

TH2 Café
Klosterallee 67 / Ecke Isestraße, 20144 Hamburg, th2.de/2015
Das hell und hanseatisch durchgestylte TH2 (für „Thorsten hoch 2“) hat sich vor allem aufs Frühstück spezialisiert – von klassisch bis glutenfrei.

Kaufhaus Kaufrausch | *Shop-in-Shop en miniature*
Isestraße 74, 20149 Hamburg, T. 040 4808313
www.kaufrausch-hamburg.de
Eppendorfs kleinstes Kaufhaus bietet von Schuhen über Dessous bis Accessoires lauter schöne Sachen, die man ganz sicher alle braucht … In diesem Teil der Isestraße sehen Sie viele Gründerzeitbauten in Form der „Hamburger Burg“.

Supper Club | *Bootsverleih für Stand-up-Paddler (SUPs)*
Isekai Ö13/Ecke Heilwigstraße, 20249 Hamburg,
T. 040 473461, Mobil 0176 34874952, www.supperclub.de
Beim Stand-Up-Paddling steht man auf einer Art Surfbrett, das mit dem Stechpaddel gesteuert wird. Wer dabei nicht ins Alsterwasser plumpsen will, sollte üben, zum Beispiel bei einem Kurs im Supper Club.

Schramme 10 | *Szenekneipe*
Schrammsweg 10, 20249 Hamburg, T. 040 23801625
www.schramme10.com
Kultkneipe, Szenelokal, Barinstitution – hier geben sich Eppendorfer Urgestein und junges Volk gleichermaßen die Kante. Sogar nachts ist was los, in Eppendorf eher eine Seltenheit.

Alma Hoppes Lustspielhaus | *Kabarett*
Ludolfstraße 53, 20249 Hamburg, T. 040 55565556
www.almahoppe.de
Vom studentischen Szene-Kabarett zur Satire-Institution in Eppendorf. Neben immer wieder neuen Eigenproduktionen hat Alma Hoppe im Programm, was in Deutschland, satirisch gesehen, Rang und Namen hat.

Komödie Winterhuder Fährhaus | *Theater*
Hudtwalckerstraße 13, 22299 Hamburg, T. 040 4806800
www.komoedie-hamburg.de
Wer den klassischen Boulevard bevorzugt, gern unter Beteiligung TV-bekannter Schauspieler wie Judy Winter, Helmut Zierl oder Marion Kracht, ist hier richtig.

Planeten, Picknick, Pinguine

Auf Spurensuche im Stadtpark

Da stehen sie und palavern. Den Kopf schräg gelegt. Abwägend. Sich ein wenig aufplusternd zur Illustration der eigenen Bedeutung und offenbar eifrig von einem Bein auf das andere tretend. Wo? Im Stadtpark, an einer Stelle, an der ebenso gut stocksteif und staatstragend ein Obelisk hätte aufragen können. Stattdessen: Pinguine um einen kleinen Brunnen, dessen bescheidene Fontäne im Sonnenlicht glitzert. Zu sechst scheinen sie zu konferieren, angeregt zu debattieren über die Probleme unserer Zeit. Sehr ernsthaft. Sehr distinguiert. Sehr lustig. Wahrscheinlich deshalb werden sie immer wieder geklaut.

Aber Pinguine? Im Stadtpark? Das ist doch diese Riesenwiese in Winterhude mit dem Planetarium am einen Ende, von wo aus man beim abendlichen Picknick gratis die Rock- und Popkonzerte auf der Freiluftbühne mithören kann. Lange Zeit kannte ich sie überhaupt nur in der Dämmerung oder ganz im Dunkeln. Von eben jenen Mondschein-Picknicks oder „The Dark Side of the Moon" im Planetarium, in dessen Kuppelsaal die psychedelischen Klänge von Pink Floyd einen auf schwindelerregende Weise in den Kosmos beamten und simultan zurück in die eigene Jugend.

Ein Fehler. Etwas Tageslicht hätte nicht geschadet. Ein wenig Erleuchtung meinerseits auch nicht, denn welche Ignoranz, die großzügige und bei ihrer Entstehung geradezu revolutionäre Parkanlage auf schnöde Grashalme, Sternenstaub und Gratis-Pop zu reduzieren. Andererseits, genau das war 1914 das Revolutionäre am Stadtpark: Ein echter Ort fürs Volk sollte er sein, und zwar nicht nur zum Angucken und gesitteten Promenieren auf abgezirkelten Wegen, sondern um ihn in Besitz zu nehmen und nach Herzenslust als „Tummel-, Spiel- und Lagerplatz“ zu nutzen. Das jedenfalls hatte der reformorientierte Stadt- und Stadtparkplaner Fritz Schumacher im Sinn.

Um 1900 hatte Hamburg eine enorme Zuzugswelle erlebt und 1914 bereits über eine Million Einwohner. Eng war’s, die Wohnverhältnisse teilweise katastrophal. Im dunklen Gängeviertel mit seinen miserablen hygienischen Bedingungen hatte schon 1892 der Ausbruch der Cholera zu über 8500 Toten geführt. Sollte die Stadt nicht erneut zur Brutstätte von Krankheiten und zum sozialen Pulverfass werden, brauchte sie eine Art grünes Ventil, einen Ort für alle, an dem die Menschen sich von ihrem beengten Dasein erholen konnten. Der Hafenarbeiter von der Veddel ebenso wie der Kontorangestellte aus der Mönckebergstraße, die Fischhändlerin aus Altona wie der Major von der Uhlenhorst, der auch schon mal hoch zu Ross im Park anzutreffen war. Menschen ohne Pferd konnten den Park seit Neuestem

mit öffentlichen Verkehrsmitteln erreichen; von Altona fuhr eine Straßenbahn nach Barmbek, ab März 1912 die Hochbahn und bis heute auch die Alsterdampfer.
Von Planungsbeginn an stellte das Parkkonzept das Bedürfnis der Bevölkerung nach Freizeit- und Bewegungsräumen in den Mittelpunkt. Gleichzeitig sollte der Park Raum für Kunst bieten und Begegnungsstätte sein. Ein völlig neuartiger und sehr moderner Ansatz. „Betreten erwünscht", heißt es treffend im Titel von Heino Grunerts Buch zur Parkgeschichte. Und nicht nur Betreten, selbst Befahren war zeitweise erlaubt, wenn auch in geordneten Bahnen. Zwischen 1930 und 1950 sorgten Auto- und Motorradrennen für Gedröhne, Gedränge und gelegentlichen Totalschaden im Park. Auf die Tube gedrückt wird heute wieder, wenn auch außen herum. Alljährlich im September findet seit 1999 am Jahnring das „Stadtpark-Revival" statt. Am Start: Zweirad- und automobile Raritäten aus vergangenen Zeiten – inklusive zweibeiniger Oldtimer aus der Renn-Ära von damals.
Betreten aber, beziehungsweise Tummeln, Spielen und Lagern, das tun die Hamburger auch hundert Jahre später mit Begeisterung. An lauen Wochenenden kommen über 100 000 Besucher zum Baden, Chillen, Grillen, Lesen oder was man sonst noch auf einer grünen Wiese mit See machen kann. Jugend-Cliquen lümmeln auf dem Rasen, Familien-Clans unterschiedlichster Nationalitäten picknicken an einem schattigen Plätzchen. Öffentliche Leibesertüchtigungen aller Art sind zu besichtigen, komplett selbstvergessen, wie's aussieht, doch so mancher Möchtegern-Adonis hofft bestimmt auf

Publikum. Im Gras vor der Trinkhalle hält eine schaurig-pompös verkleidete Gothic-Truppe Hof, keines Blickes gewürdigt von der bronzenen Jagdgöttin Diana mit ihren Hunden. Nur der eine oder andere Spaziergänger schaut leicht irritiert ob der schwarzen Masken und ausladenden Ballkleider mit Böse-Fee-Appeal.

Die Eins mit fünf Nullen klingt nach klaustrophobischen Zuständen im Park, ist aber kein Problem, denn auf 148 Hektar Fläche einschließlich Wald und Sportplätzen verläuft sich das. Es kommen ja nicht alle auf einmal. Mit etwas Glück kann man nicht nur morgens um neun in einem der lauschigen grünen Gartenräume nördlich des Stadtparksees seinen Lieblingsruheplatz genießen: bei den Pinguinen (August Gaul, 1912), im Rosengarten oder bei den Marmorskulpturen von Adam und Eva (Oscar E. Ulmer, 1933), die durch grüne „Fenster“ aus ihrem Heckengarten in die Ferne blicken.

Erdacht und umgesetzt haben das damals einzigartige Konzept, das im Senat nicht unumstritten war, vor allem vier Männer, allesamt Pioniere der Reformbewegung: Fritz Schumacher, Baudirektor der Stadt und häufig im Clinch mit Oberingenieur Ferdinand Sperber. Alfred Lichtwark, der Reformpädagoge und sozial engagierte Leiter der Kunsthalle, und Otto Linne, ab 1914 Hamburgs erster Gartenbaudirektor. Der erste Spatenstich erfolgte 1910. Zwei Jahre später begannen die Arbeiten am Wasserturm am westlichen Ende der 1,3 Kilometer langen Achse nach einem Entwurf des Dresdner Architekten Oscar Menzel. Einen Monat nach Fertigstellung des Parks in seinen Grundzügen und der Einweihung an einem kühlen 1. Juli brachte der Erste Weltkrieg das Projekt ins Stocken. Kriegsbedingt wurde der elegante Art-Déco-Wasserturm in Schumachers Lieblingsmaterial, dem roten Backstein, erst 1916 fertiggestellt, während die Bürger das Gelände bereits wieder umgruben und Gemüse pflanzten. Dem Wasserturm drehte man nach nur acht Jahren wegen zu geringen Wasserdrucks das Wasser ab. Seit 1930 ist er Planetarium, von dessen Dach man einen herrlichen Blick über den Park hat – und über die große Festwiese, bis heute Herzstück des Stadtparks, auf der weder Bäume noch Gebüsch den Freizeitaktivitäten im Weg stehen. Mir war's dort entweder zu voll oder zu leer – fast allein auf der großen Fläche „tummeln" fühlt sich auch seltsam an –, aber da wusste ich noch nichts von den lauschigen Gartenräumen. Meistens war's ja sowieso dunkel.

Am allervollsten (und -finstersten) wurde es zur Zeit der Nationalsozialisten, die den Stadtpark für Kundgebungen und Aufmärsche aller Art missbrauchten. Mehrere Hunderttausend Menschen versammelten sich auf der Festwiese und drum herum, wofür man zuvor zahlreiche Alleen und Baum-Solitäre abgeholzt hatte. Im Zweiten Weltkrieg wurde der Park im Bombenhagel schwer getroffen, da er Hamburgs größte Flakstellung beherbergte. Während sie nicht einen einzigen Treffer abbekam, wurden die meisten Parkgebäude zerstört, so die 12 000 Besucher fassende Stadthalle am Haupteingang mit Großgastronomie im Stil eines Kurhotels, die gegenüberliegenden Kaskaden, das noble Stadtcafé mit eigenem kleinen Hafen am nördlichen Ufer des Stadtparksees und die Milchwirtschaft, ein niedersächsischer Muster-Bauernhof.

Übrig blieben neben dem Sierich'schen Forsthaus, einst Wohnhaus des Försters im Sierich'schen Gehölz und heute Sitz des Stadtparkvereins, zwei Backsteinbauten von Fritz Schumacher: die Trinkhalle, die weniger vermögenden Schichten Kneipp- und Wasserkuren vor Ort ermöglichen sollte und seit Kurzem Café ist, sowie das Landhaus Walter, als ruhigerer Gegenpol zum Massenbetrieb der Stadthalle gedacht. Es ist noch immer Restaurant mit angeschlossenem Biergarten und dem Downtown Blues Club, wo Blues- und Rock'n'Roll-Legenden live spielen (und solche, die es werden wollen).

An die pompöse Stadthalle mit ihren Arkaden, bauliches Gegengewicht zum Planetarium am anderen Ende der zentralen Achse, können sich nur hochbetagte Hamburger noch erinnern; sie wurde Anfang der 1960er-Jahre ganz abgerissen und hinterlässt eine Lücke wie zwei ausgeschlagene Frontzähne. Das schlichte Modellbootbecken, das heute an ihrer Stelle steht, kann ihr optisch natürlich nicht das Wasser reichen und lässt einen melancholisch werden beim Gedanken daran, was hier früher einmal war. Bei schönem Wetter zieht es jedoch jede Menge kleiner und großer Skipper an, die per Knopfdruck begeistert ihre Spielzeugyachten übers „Meer" schicken.

Auch die Platanenallee, die als Querachse vom Stadtcafé nach Norden Richtung Jahnring abging, hat die Nachkriegszeit nicht überlebt. Hagenbecks Elefanten haben sie abtransportiert – zur Verwertung als Feuerholz. Zwar wurde der Park bis 1953 im Vorfeld diverser Großveranstaltungen wie dem Deutschen Turn- und Sportfest wiederhergestellt, danach jedoch weitgehend sich selbst überlas-

sen. Erst seit den 1990er-Jahren erwacht die Anlage peu à peu aus dem Dornröschenschlaf. Dazu musste der damals neu gegründete Stadtparkverein sich durchs Dornendickicht schlagen wie der Prinz im Märchen. Denn nicht nur die bewegte Geschichte des Parks soll wieder ins öffentliche Bewusstsein rücken, sondern auch seine ursprüngliche Konstruktion. Ziel ist es, das gestalterische Gesamtkonzept des „Barockgartens“ mit seinen an Sichtachsen „aufgehängten“ geometrischen Räumen als Gartendenkmal zu restaurieren. Seit 2002 reckt eine neue Platanenallee ihr grünes Gefieder dem Himmel entgegen. Verschwunden sind leider die wunderbar bequemen „Alsterstühle“. Zu oft entdeckte man sie im Stadtparksee oder als Grillholz missbraucht. Nur auf der Liebesinsel im See finden sich noch einige wenige, passend zum Standort in Rot.
Der schönste Weg in den Stadtpark führt übrigens am Goldbekkanal entlang, wenn der Goldbekmarkt den Uferweg bunt färbt: jeden Dienstag, Donnerstag und Sonnabend zwischen 8 und 13 Uhr. Noch besser geht’s nur auf dem Wasser selbst. Dafür leiht man sich ein Kanu bei Kübis Bootshaus am Goldbekkanal, das sind einfach die besten. Die Pinguine würden nicken, wenn sie könnten. Diana und ihre Hunde auch.

Sierich'sches Forsthaus | *Stadtparkführungen*
Otto-Wels-Straße 3, 22303 Hamburg, T. 040 51328391
www.stadtparkverein.de
Sehr interessante Führungen zu Anlage und Historie des seinerzeit revolutionären Parks organisiert der Stadtparkverein mit Sitz im Sierich'schen Forsthaus

Planetarium
Linnéring 1, 22299 Hamburg, T. 040 428865210
www.planetarium-hamburg.de
Bringt in einem ehemaligen Wasserturm den Sternenglanz ganz nah zu uns auf die Erde. Das Zeug zur neuen Star-Produktion am gewaltigen Kuppelhimmel hat die Musik-Show „Queen Heaven" um die legendäre Band Queen und ihren Frontman Freddy Mercury.

Downtown Bluesclub | *Live-Musik*
Landhaus Walter, Otto-Wels-Straße 2, 22303 Hamburg
T. 040 275054
www.eventcenter-hamburg.de/downtown-bluesclub.de
Das Landhaus Walter im Stadtpark ist Restaurant, Biergarten und Anziehungspunkt für Live-Musik-Fans.

Trinkhalle Hamburg | *Café*
Südring 1, 22303 Hamburg, T. 0157 58553706
www.trinkhalle-im-stadtpark.de
Nettes Café mit Terrassenblick auf die steinerne Skulptur der Göttin Diana mit ihren Jagdhunden.

Hamburger Stadtpark-Revival | *Motorsport-Event*
www.motorevival.de
Rasten die heißen Kisten früher mitten durch den Stadtpark, so geht's heute nur noch außenrum. Immer am ersten Septemberwochenende und 2017 erstmals mit Concours d'Elégance, einer Art Schönheitswettbewerb der automobilen Diven von einst. Noch immer lassen ihre edlen Formen das Herz des Automobilisten höherschlagen.

Café Canale
Poelchaukamp 7, 22301 Hamburg, T. 040 2700101, www.cafecanale.de
Venedig? Nö. Hamburg. Am Mühlenkampkanal werden Kaffee & Co. nicht nur im Wintergarten serviert, sondern im Zweifelsfall direkt ins Boot.

Eine Oase der Stille

Der Jüdische Friedhof Altona

Ein italienischer Blumenhändler in Ottensen war es, der mir zuerst von diesem verwunschenen Ort erzählte. Damals wohnte ich noch am Rand von Ottensen mit Blick auf die Gleise des Altonaer Bahnhofs. Auf der Suche nach Lavendelblüten hatte ich in seinen Auslagen ein morbides und leider unverkäufliches Stück Kapitell aus seiner Heimat entdeckt. Wenn ich so etwas möge, sagte er, dann müsse ich unbedingt den Jüdischen Friedhof in Altona besuchen. Mit leuchtenden Augen schwärmte er von den verwitterten Grabplatten, die dort ins Moos gesunken seien, von jahrhundertealten windschiefen Steintafeln und flechtenüberwucherten steinernen Sarkophagen, deren kunstvoll verschlungene Ornamente wirkten wie aus Holz gedrechselt. Trotz seiner ansteckenden Begeisterung habe ich eine Weile gebraucht, um den Weg dorthin zu finden.
Dabei mag ich Friedhöfe. Sehr sogar. Oft schon war ich an dem jüdischen vorübergefahren, nicht ahnend, was sich hinter den schlichten Stäben des hohen Metallzauns verbarg. Und zu eilig, um das

Schild am Eingang zu lesen. Dabei geht eilig hier gar nicht. Obwohl an der viel befahrenen Königstraße gelegen, einen Steinwurf entfernt von der Altonaer Hauptkirche St. Trinitatis und ungefähr drei Steinwürfe von der lärmenden Reeperbahn, scheint hier unter hohen Bäumen ein Schatz in tiefem Schlaf zu liegen. Der Schatz einer vergangenen europäischen Kultur, von Deutschen zugrunde gerichtet, aber unvergessen bleibend.

Als ich eines Tages endlich eintrat in diese versunkene Welt, fühlte ich mich augenblicklich gefangen genommen von ihrer märchenhaften Aura. Von der fast magischen Atmosphäre, die hier herrscht. Tausende Grabmale verteilen sich über knapp zwei Hektar, ducken sich in dichtem Schatten oder changieren im Sonnenlicht, jedes mit einer ganz eigenen Anmutung und jede der steinernen Gedenktafeln Statthalterin einer vergangenen Seele. Die rätselhaften hebräischen Inschriften – von rechts nach links zu lesen, wenn man sich denn darauf verstünde – tragen das ihre zur geheimnisvollen Wirkung der alten Tafeln bei. Die Patina von Jahrhunderten hat sich darübergelegt. Die aufrecht stehenden Steine lassen mich an die rechteckigen Betonstelen des Berliner Holocaust-Mahnmals denken, obwohl die in Altona Bestatteten das Grauen des Naziregimes nicht mehr erdulden mussten.

Umgestürzte Steine gibt es, halb ins Erdreich gesunkene und welche, die sich aneinanderlehnen. Wie eine erschöpfte, vom Kampf dezimierte Armee muten sie an; traurige Gestalten, Grau in Grau, die dennoch überlebt haben. Es hätte mich nicht verwundert, in ihren Reihen einem silbern schimmernden Einhorn zu begegnen oder einem anderen Fabelwesen. Es erschien aber keines. Neben dem Steingrau der Gedenktafeln ist Grün in allen Schattierungen die vorherrschende Farbe. Um nicht zu sagen: die einzige. Kein lauter Farbtupfer stört, nicht einmal die üppigen Blüten eines Rhododendrons lenken den Blick auf sich. Allenfalls zaubert auf welligem Untergrund die Sonne flirrende Muster in diese grüne Oase der Stille.

Sie zu betreten fühlt sich an wie eine Vollbremsung bei hundert Stundenkilometern. Innehalten, abschalten, ruhig werden. Sofort. Behutsam bewegt man sich, leise tritt man auf und höchstens andächtig flüstern mag man, sofern einem überhaupt der Sinn nach Reden steht. Wer die Toten besucht, besucht sich selbst, heißt es. Innere Einkehr halten kann man gut an diesem Ort, egal, welcher Religionsgemeinschaft man angehört.

Wer in dieser Enklave ruht, ruht schon lange. Der Friedhof in der Königstraße ist der älteste jüdische Friedhof Hamburgs und der älteste portugiesisch-jüdische Nordeuropas. Jüdische Portugiesen hatten 1611 das Grundstück von den Altonaern erworben. Gleich nebenan erhielt kurze Zeit später die Altonaer hochdeutsche Judengemeinde eine Begräbnisstelle, sodass die Grabstätte fortan aus zwei Teilen bestand. Früher durch eine Mauer und eine Baumreihe getrennt, lassen sie sich heute auch ohne Mauer gut auseinanderhalten, denn bei den Sepharden, den ab etwa 1530 von der Iberischen Halbinsel vertriebenen, zwangskatholisierten und vor allem aus Portugal eingewanderten Juden, *liegen* die Grabsteine. Bei den Aschkenasen, den deutschen und osteuropäischen Juden, *stehen* sie. Um 1650 lebten bereits 1200 Portugiesen in Hamburg, zumeist wohlhabende jüdische Kaufleute, Ärzte und Rabbiner. Mit Stolz blickten sie auf ihre Herkunft – und von oben herab auf die oft ärmlicheren und orthodoxeren Glaubensbrüder, die später aus Russland oder Osteuropa nach Hamburg kamen. Eheschließungen zwischen beiden Gruppen galten lange Zeit als unpassend. Noch in der Gestaltung der Grabsteine drückt sich die soziale Kluft aus. Die sephardischen sind kunstvoller gestaltet als die aschkenasischen, zeigen oft biblische Figuren wie Abraham oder Isaak und haben mitunter nicht nur hebräische Inschriften, sondern auch portugiesische oder spanische.

Die erste Beisetzung auf dem Jüdischen Friedhof ist 1616 dokumentiert, die letzte 1877. Fast 9000 Menschen wurden in den Jahren dazwischen hier bestattet, 1800 im sephardischen, knapp 7000 im aschkenasischen Teil, und auch 668 Hamburger Juden fanden Anfang des 19. Jahrhunderts hier ihre letzte Ruhe. Im Laufe der Zeit wuchsen beide Friedhofsteile zu einem einzigen zusammen. Komplett oder in Fragmenten erhalten sind 6000 deutsche und 1600 portugiesische Steine. Damit ist der Friedhof in Altona eines der bedeutendsten jüdischen Gräberfelder der Welt. Seit 1960 steht das 1,9 Hektar große Areal unter Denkmalschutz, doch erst 2007 wurde es der Öffentlichkeit wieder zugänglich gemacht. Die Restaurierung des Jüdischen Friedhofs, der auf Hebräisch die Namen „Haus der Ewigkeit“ und „Haus des Lebens“ trägt, erfolgte ab dem Jahr 2000. Von der deutschen Kultusministerkonferenz wurde er 2014 auf die sogenannte Tentativliste, die nationale Anmeldeliste der Stätten gesetzt, die 2017 zur Einschreibung als UNESCO-Weltkulturerbe nominiert werden sollen.

Unweigerlich stellt man sich die Frage, wie dieser Friedhof die Zeit der Nationalsozialisten überstehen konnte. Die erschütternde Antwort: Weil einzelne Bürger sich dafür einsetzten, ihn für die „Rassenforschung“ zu erhalten. Man möchte hoffen, dass dies nur eine Ausrede war, um – in den Worten von Dov-Levy Barsilay, ehemaliger Rabbiner der Jüdischen Gemeinde Hamburg – auf ewig dieses einzigartige „Zeugnis dessen, was hier einmal gewesen ist, für die Lebenden zu bewahren“. Allein, es gibt begründeten Anlass, daran zu zweifeln.
Nicht allzu weit entfernt vom Jüdischen Friedhof Altona liegt übrigens dessen kleiner Bruder, der Jüdische Friedhof Bahrenfeld im Bornkampsweg. Einst eingerichtet, nachdem die Altonaer Totenstätte geschlossen worden war, findet er sich heute eingeklemmt zwischen einer Kleingartenkolonie und einem Gebrauchtwagencenter für Transporter und ist nicht öffentlich zugänglich. Aber drum herumgehen kann man. Lichter als der in Altona wirkt er. Nicht ganz so verwunschen. Dazu tragen die hell schimmernden Birkenblätter bei, die niedrige Ulmenallee im Zentrum und die löwenzahngesprenkelte Wiese. Das Kaddisch jedoch, das jüdische Totengebet, hat wohl auch hier schon lange niemand mehr gesprochen. Aber das Grab von Charlotte Embden habe ich entdeckt, der Schwester von Heinrich Heine. Sie führte in Hamburg einen bekannten Literatur-Salon und erhielt Besuch von Kaiserin Elisabeth von Österreich, einer glühenden Verehrerin ihres Dichter-Bruders. Heinrich Heine selbst ist auf dem Pariser Friedhof Montmartre beigesetzt. 1823 zum Christentum übergetreten, hat er diesen Schritt zeitlebens bereut. Beider Vater Sam-

son Heine wurde noch in Altona auf dem Jüdischen Friedhof bestattet. Kürzlich wurde bei Grabungen seine gut erhaltene Grabstele entdeckt und nach der Restaurierung wieder an ihrem angestammten Platz aufgestellt.

Jüdischer Friedhof Altona
Königstraße 10 a, 22767 Hamburg, T. 040 30035984
www.jüdischer-friedhof-altona.de
Ein verwunschener Ort, an dem die Vergangenheit so präsent ist wie kaum irgendwo sonst.
Geöffnet dienstags und donnerstags 15-18 Uhr, sonntags 14-17 Uhr. Führungen jeden Sonntag um 12 Uhr, außer an jüdischen Feiertagen. Für männliche Besucher ist das Tragen einer Kopfbedeckung zwingend vorgeschrieben.

Jüdischer Friedhof Bahrenfeld
Bornkampsweg, 22761 Hamburg
Der Friedhof liegt zwischen Bornkampsweg und Regerstraße und ist nicht öffentlich zugänglich.

Ein Kiez rüscht sich auf

Ottensen

Also. Die ersten paar Hundert Meter ab Bahnhof Altona kann man getrost vergessen. Es reiht sich nicht mehr türkischer Gemüsehändler an türkischen Gemüsehändler wie noch in den 1980er- und 1990er-Jahren, sondern 08/15-Modekette an 08/15-Modekette. Mittendrin über mehrere Etagen ein schon vor Baubeginn äußerst umstrittenes Shopping-Center, das international Schlagzeilen machte, da es über einer ehemaligen jüdischen Grabstätte errichtet wurde. Das eigentliche Ottensen, das leicht ramschige mit dem Flair von gestern, fängt am Spritzenplatz an. Dort fächert sich das Viertel in ein Labyrinth aus kopfsteingepflasterten Straßen auf, das mich an meinem ersten Hamburger Arbeitstag schier zur Verzweiflung brachte. Seit fünf Tagen mit Blick auf die Bahngleise wohnend, wäre ich auf dem Weg zu meinem neuen Schreibtisch bei einem Haarkosmetikhersteller um ein Haar an Ottensen gescheitert. Das passiert mir heute nur noch selten, zumal ich dort nicht mehr Richtung Schreibtisch haste, sondern zu Besuch komme und eher gemächlichen Schritts unterwegs bin. Dabei verirre ich mich ausgesprochen gern oder bleibe an irgendeiner witzigen Auslage hängen. Alles andere hätte auch keinen Sinn. Von Schaufenster zu Schaufenster, von Galerie zu Café, vom urbanen Industrial-Chic-and-Shabby-Hipster-Laden zum quirligen Markt am Spritzenplatz, überall gibt es hinreichend Gründe, sich an einer Scheibe die Nase platt zu drücken oder gleich beherzt einzutreten. Und leider finde ich immer etwas, das ich brauchen kann.

„Kypros", der Kult-Grieche mit den gewaltigen Portionen, ist nach wie vor eine feste Institution am Spritzenplatz, ebenso die gemütliche Buchhandlung Christiansen, seit 1878 vor Ort. Hinzugekommen sind entlang der Ottenser Lebensader, die ganz bodenständig Ottenser Hauptstraße heißt, pfiffige Winz-Geschäfte für Schmuck, Klamotten und Schnickschnack, der originelle Kinderladen „Vergissmeinnicht" im begrünten Hinterhof und ein Geschäft für werdende Mütter, in dessen trendigen Klamotten Frau nicht aussieht wie aus der Welt gefallen. Ein szeniger Dauerbrenner bleibt die Druckwerkstatt Ottensen. Das Papierfachgeschäft mit angeschlossener Druckerei bietet nicht nur alles rund ums Papier, sondern neben „Männergeschenken" für verzweifelt suchende Lebensgefährtinnen auch das Knast-Sortiment, das Insassen der Hamburger Haftanstalt Fuhlsbüttel „Santa Fu" fertigen. Außer „Galgenhumor zum Anziehen" zum Beispiel das hinreißend illustrierte Kochbuch „Huhn in Handschellen", über das sich sogar mein 15-jähriger Neffe gefreut hat.

Was noch? Eine Schmuckschmiede, in der nicht nur Edelsteine, sondern auch mal vom Meer geschlif-

fene Glasscherben verarbeitet werden. Ein klitzekleiner Kellerladen, in dem man Designobjekte aus vergangenen Jahrzehnten findet, für die man keine Bank überfallen muss; nebenan die „Heimat“, in der eine ehemalige Journalistin Lieblingsteile verkauft wie die zauseligen poetischen Feen aus Papier mit ihren geringelten Strümpfen. Und, und, und ... natürlich meine Ottenser Favoriten: das „Café Tide“ in der von der Ottenser Hauptstraße abzweigenden Rothestraße und die „Galerie Wasserspiegel“ des Künstlers Knud Plambeck in der Mottenburger Twiete (ja, die heißt wirklich so, denn ab 1870 galt „Mottenburg“ als Synonym für Ottensen). Das „Tide“ ist eine Art Gesamtkunstwerk. Umgeben von Treibholz-Fundstücken aus Nordsee, Ostsee und Elbe, die auch käuflich zu erwerben sind, genießen nicht nur Menschen aus dem Viertel in entspannter Atmosphäre drinnen und draußen die feinen Snacks. Längst ist das Café kein Geheimtipp mehr.
Knud Plambecks Mini-Galerie liegt um die Ecke und lebt ebenfalls vom Wasser. Im weiteren Sinne. Der Künstler, der auch noch auf dem Wasser zu Hause ist und ein bisschen an einen schwarzhaarigen Pumuckl erinnert, gestaltet Schiffe. Schiffe, die mich immer wieder faszinieren, mein Herz erfreuen, mich zum Schmunzeln bringen. Viele von ihnen sind wahre Seelenverkäufer. Den Rumpf bilden rostige Ölfässer mit und ohne Aufschrift, aber meist mit Schlagseite. Der Clou liegt in den Aufbauten. Plambecks Schiffe, von denen viele kurz vorm Kentern scheinen oder bereits im Sinken begriffen, tragen an Deck alte Schiffströten, Scheibenwischer, Schreibmaschinen oder Fahrradketten. Drei von ihnen schippern durch mein Wohnzimmer. Gesun-

ken ist noch keines, denn die Plambeck'sche Version der „Titanic" hätte leider das Budget meiner ganz privaten Reederei gesprengt.

In der Bahrenfelder Straße, ganz in der Nähe der legendären rosafarbenen (!) Konzert-Location „Fabrik", steht Hamburgs kleinstes Kaufhaus, in dessen labyrinthischen Räumen der Vintage-Fan vom Fleisch- und Teigwolf bis zu Uromas gefährlich spitzem Mary-Poppins-Schirmchen alles findet, was das Herz begehrt. Nicht nur für Filmausstatter ein Eldorado und, anders als bei Ebay, alles noch ganz altmodisch zum Anfassen. Und Mitnehmen statt drei, zwei, eins, meins.

Bei all den szenigen Geschäften, die sich hier niedergelassen haben, lässt natürlich auch die umstrittene Gentrifizierung nicht auf sich warten. Nicht nur die Altbauwohnungen mit ihren teils lauschigen Hinterhöfen sind begehrt. Seit einigen Jahren entstehen zahlreiche Neubauten, die von bodentiefen Fenstern über Aufzug bis Dachgarten alles bieten, was heute an Komfort wünschenswert erscheint. Auch mancher Elbvorortler, dessen Kinder aus dem Haus sind, denkt über einen Umzug ins Szeneviertel nach, wo er vielleicht schon zu Studentenzeiten lebte. Dafür würde er glatt die Villa in Klein Flottbek oder Blankenese stehen lassen. Ottensen verjüngt die hier Lebenden, wobei es selbst zwangsläufig älter wird. Die Villa, so vorhanden, hilft übrigens beim geplanten Umzug, denn Wohnraum im angesagten Ottensen ist nicht mehr preiswert.

Noch aber dominieren die Jungen im Straßenbild. Viele junge Mütter und Väter kurven mit Kinderwagen über die Bürgersteige. Gut bevölkerte Kitas allerorten. „Elbkinder" heißen sie. „Die Schatztruhe", „Kinderhaus Mottenlos" oder „Kita Ringelsocke". Dazwischen skaten ebenso halsbrecherisch wie cool die Teenies auf ihren rollenden Brettern. Auf dem Bürgersteig natürlich, denn die Straßen tragen ja Kopfsteinpflaster.

Der Stadtteil ist dabei, sich aufzurüschen, gleichzeitig ist Multikulti hier der Normalfall. Ein buntes Nationalitätengemisch wuselt durch die schmalen Straßen, geht hier ein und vor allem: aus. Noch in den 1970er- und 1980er-Jahren prägten kleine Industriebetriebe und Manufakturen das Viertel; die Höfe waren eng, die Arbeiterwohnungen winzig und dunkel. Nach dem Niedergang des Schiffbaus in den 1970er-Jahren schloss auch die Schiffsschraubenfabrik Zeise in der Friedensallee ein für alle Mal ihre Tore, die Arbeiter zogen weg, und das gesamte Viertel war von der Abrissbirne bedroht. Die Mietpreise befanden sich im freien Fall, und so rückten Migranten, Künstler und Studenten nach, die in zahlreichen Bürgerinitiativen nicht nur eine gigantomanische „City West" verhinderten, sondern auch das aufmüpfige, alternative und tolerante Image des Stadtteils begründeten.

In einer zweiten Welle folgten Medienmenschen, Lehrer, Kreative, also der bürgerliche Mittelstand, und die Zeisehallen wandelten sich nach jahrelangem Verfall zum Medien- und Kulturzentrum mit Kino, „Filmhauskneipe" und Restaurant „Eisenstein", dessen Tresen als Hommage an den legendären russischen Filmemacher („Panzerkreuzer Potemkin", 1925) die Form eines Schiffsbugs hat. Nun allerdings steht gefühlt ein Tsunami bevor, der die kleinteiligen Strukturen des Viertels wegzuspülen droht, Gewerbemieten explodieren und Luxusappartements in den Himmel wachsen lässt. Manche sprechen auch von der „Latte-Macchiatisierung" von Ottensen.

Doch allen fragwürdigen Veränderungen zum Trotz, im Juni/Juli setzt das lebendige Viertel regelmäßig eins drauf und feiert sich zwei Wochen lang selbst. Während der „Altonale", seit 1999 eine Ottenser Institution, öffnen Anwohner ihre Wohnungen für Konzerte und Lesungen. Kunst im Schaufenster wie das Strick-Kostüm aus Kassettenbändern und alten Filmrollen lenkt den Shopping-Blick weg von den Mode-Novitäten. Die meisten Besucher zieht das letzte „Altonale"-Wochenende an, lässt sich doch auf dem riesigen Flohmarkt zwischen Altonaer Bahnhof und Altonaer Rathaus zwei Tage lang hingebungsvoll stöbern. Legendär sind dort die Fundus-Versteigerungen des Thalia Theaters, das Schätze und Skurriles aus seinen Inszenierungen anbietet; mit seinem Ableger „Thalia in der Gaußstraße" wohnt es schließlich ganz in der Nähe.

Kypros | *Restaurant*
Spritzenplatz 18, 22765 Hamburg, T. 040 3903350
www.restaurant-kypros.altona.de
Für den ganz großen Appetit: Der Grieche mit den gewaltigen Portionen ist nicht wegzudenken aus Ottensen.

Buchhandlung Christiansen
Bahrenfelder Straße 79, 22765 Hamburg, T. 040 3902072
www.buchhandlung-christiansen.de
Seit 1878 vor Ort und eine Institution in Ottensen. Christiansen hat zahlreiche Autorenlesungen im Programm.

Vergissmeinnicht | *Kinderladen*
Ottenser Hauptstraße 44, 22765 Hamburg, T. 040 29812593
www.vergissmeinnicht-hamburg.de
Hier gibt's Kindersachen, die's nicht überall gibt. Zum Anziehen, zum Spielen zum Kuscheln. Manches würde man am liebsten mitnehmen, auch wenn man gar keine kleinen Kinder hat.

Druckwerkstatt Ottensen | *Ladengeschäft und Papeterie*
Ottenser Hauptstraße 44–48, 22765 Hamburg, T. 040 3986360
www.druckwerkstatt-ottensen.de
Alles aus Papier, von der schrägen Postkarte bis zur schrägen Flamingo-Girlande. Vom ganz besonderen Geschenkpapier bis zur Blechkunst aus Afrika und Asien.

Galerie Wasserspiegel
Mottenburger Twiete 1, 22765 Hamburg, T. 0176 28075666
www.knudplambek.de
Einzigartig in Hamburg: Knut Plambecks schiffige Seelenverkäufer aus metallenen Fundstücken: mit Schlagseite, kurz vorm Sinken und manchmal auch mit Schreibmaschinentastatur an Bord.

TIDE Treibholz & Feinkost Ldt. | *Café*
Rothestraße 53, 22765 Hamburg, T. 040 41111499, www.tide.dk
Entspannter kann man in Ottensen drinnen und draußen nicht abhängen. Leckeres zum Gleich-Essen oder Mitnehmen. Kaufen statt selbst suchen kann man sogar die Treibholz-Funde von Nord- und Ostsee.

Heimat | *Ladengeschäft*
Große Brunnenstraße 70, 22763 Hamburg, T. 0162 1900980
Immer gut für kleine Mitbringsel oder Geschenke für sich selbst. Ob fotografische Hamburg-Impressionen auf Holz gedruckt oder die kleine Fee aus Papier. Vielleicht hat man sogar drei Wünsche frei.

Hamburgs kleinstes Kaufhaus
Bahrenfelder Straße 207, 22765 Hamburg, T. 040 3903485
www.hamburgs-kleinstes-kaufhaus.de
Aus dieser Fundgrube für Vergangenes findet man so schnell nicht wieder heraus. Das liegt an den labyrinthisch verschachtelten Räumen, aber vor allem an den Schätzen, die Betreiber Jürgen Behrmann in langen Jahren gesammelt und vorm Verschwinden gerettet hat. Vom Knopf bis zum hölzernen Elefanten. Sogar Omis Stopfgarn soll wieder im Trend sein.

Galerie SchmuckSchmiede
Hohenesch 29, 22765 Hamburg, T. 040 3901282
www.galerie-schmuckschmiede.de
Viel Silber, schöne große Schmucksteine, spannende Gestaltung.

Eisenstein | *Restaurant*
Friedensallee 9, 22765 Hamburg, T. 040 3904606
www.restaurant-eisenstein.de
Die Pizza mit Lachs war einst das Highlight in der Pizza-Abteilung der Karte. Sie hat Gesellschaft bekommen von neuen Geschmackstrends. Das Eisenstein ist immer gut besucht. Besser reservieren, aber Achtung, in der hohen Halle gibt es reichlich Hall, der die Konversation etwas erschwert.

Filmhauskneipe | *Szenetreff*
Friedensallee 7, 22765 Hamburg, T. 040 39908025
www.filmhauskneipe.de
Von den Anfängen in den 1970er-Jahren an Treffpunkt von Filmschaffenden, Künstlern und Kreativen. Das Publikum gibt sich noch immer gern lässig. Frische saisonale Kneipenküche und große Terrasse im Hof vor den Zeisehallen.

Fabrik | *Kultur- und Konzertlocation*
Barnerstraße 36, 22765 Hamburg, T. 040 391070, www.fabrik.de
Live-Musik von Zaz und Musikerlegenden wie John Mayall und Udo Lindenberg bis zum Hamburger Polizeiorchester. Lesungen von Frank Goosen bis Poetry Slam. Die ehemalige Maschinenhalle gilt als erste Kultur- und Kommunikationsstätte Deutschlands, die aus einem Industriestandort hervorgegangen ist. Über der schweinchenrosa Fassade reckt ein alter Lastkran den Hals vom Dach, regelmäßig gibt's einen Stadtteilflohmarkt und immer am zweiten Weihnachtsfeiertag steht eine Beatles-Revival-Band auf der Bühne, die alle zum Mitsingen bringt. Feuerzeug in die Luft recken aber lieber nicht: Innen ist alles aus Holz.

Altonale | *Stadtteilfest*
www.altonale.de
Zweiwöchiges Stadtteilfest im Juni/Juli, an dem das lebendige Altona sich selbst feiert. Live-Musik, Straßenkünstler, Autorenlesungen, Poetryslams und ein riesiger Flohmarkt am letzten Altonale-Wochenende. Er erstreckt sich vom Paul-Nevermann-Platz am Altonaer Bahnhof über den Platz der Republik bis zum Altonaer Rathaus.

Thalia in der Gaußstraße | *Theater*
Gaußstraße 190, 22765 Hamburg, T. 040 30603910
www.thalia-theater.de
Der junge Ableger des Thalia Theaters an der Alster. Experimentell, schräg, lässiges Ambiente.

Altonaer Museum

Museumstraße 23, 22765 Hamburg, T. 040 4281350
www.altonaermuseum.de

Von der Galionsfigur bis zum Thema Walfang, vom Schiffsmodell bis zur Bauernstube mit herrlichem Kachelofen. Das Museum beherbergt in schummriger Atmosphäre Exponate zu Kunst und Kulturgeschichte des norddeutschen Raums mit Schwerpunkt der Elbregion um Altona. Dauergast im Museum ist das Kinderbuchhaus mit einem Mitmachprogramm rund ums Buch für Kinder und (Groß)eltern (www.kinderbuchhaus.de).
Gleich nebenan kann man sich auf den plüschig roten Theatersesseln des Altonaer Theaters (Museumstraße 17) wieder ausruhen.

Vom Fischumschlagplatz zur maritimen Edelküche

Der alte Fischereihafen

Da ist nix, dachte ich früher. Und da war auch nix. Niemandsland. Tote Hose zwischen dem malerischen Övelgönne und dem trubeligen Fischmarkt mitsamt seiner zwei- bis dreimal jährlich bei Sturmflut absaufenden Fischauktionshalle. Obwohl die Elbe so nett vor der Tür liegt. Wo ab 1880 der Hauptanlandeplatz der deutschen Fischereiflotte war, standen gut hundert Jahre später, als ich um die Ecke wohnte, nur ein paar nichtssagende Lagerhallen aus Backstein herum. Dazu heruntergekommene Stehimbisse, bisschen Bratöl mit Fischgestank überm Kopfsteinpflaster und, anlässlich Balkan-Krise, Wohnschiffe für Asylbewerber. Beim Fischmarkt-Ende liegt bis heute die Deutsche Seemannsmission Hamburg-Altona, am entgegengesetzten Ende der Großen Elbstraße der 1992 stillgelegte „Schellfischtunnel", Fisch-Expressweg zwischen Altonaer Bahnhof und Fischereihafen.

Eine Menge hat sich getan in den vergangenen Jahren im ehemaligen Fischereihafen Altona. Die Wohnschiffe sind lange schon weg, obwohl die Krise etwas weiter südöstlich von Europa gerade wieder neu aufgelegt wird. Die Englandfähre, 33 Jahre auf der Route Hamburg–Harwich unterwegs, auch. 2002 nach Cuxhaven verlegt, wurde sie drei Jahre später ganz eingestellt. Alternativ machen neuerdings Wohnschiffe der nobleren Art am ehemaligen England-Terminal fest: Kreuzfahrtschiffe, meist kapitänsjackenweiß und, wie mir scheint, in rauen Mengen. Seit 2011 docken die internationalen Luxusliner beim schicken, rundum verglasten Cruise Center Altona an, das auch als Event-Location von sich reden macht. In Sichtweite „ankert" dauerhaft ein nicht minder kristallen funkelndes Groß-Objekt, das mit seiner spitz zulaufenden kantigen Form ebenfalls an ein Schiff denken lässt: das Dockland Bürohaus von Hadi Teherani, dem man sogar ohne gültige Bordkarte aufs Dach, pardon, Deck steigen kann. Falls man nicht angesichts seiner rasanten Formen Bedenken hat, ins Rutschen zu kommen.

Und die Gastronomie erst. Die fischreichste Meile Hamburgs war die Große Elbstraße schon immer, nicht nur sonntagmorgens, wenn sich 70 000 Fischmarktbesucher hier drängeln. Allerdings eher für Insider, die selbst im Fisch-Geschäft tätig waren. In den letzten Jahren hat sich – auch dank zahlreicher Schöner-Wohnen-Anbieter ein paar Hundert Meter weiter Richtung Stadt – nicht nur das Publikum gewandelt, sondern auch die Ware, die hier stand-by auf die verwöhnte Kundschaft wartet. Die Bandbreite ist erstaunlich; ob Groß- oder Einzelhändler, ob Imbissbude oder Nobel-Restaurant, fast jeder scheint seine fischige Nische zu finden. Gibt es tatsächlich so viel Meeresgetier, das man essen kann, Omega-3-Fettsäuren bitte inklusive? Und so viele Leute, die das auch wollen? Wer keinen Fisch mag, ist hier jedenfalls verkehrt, zumal um die Ecke auch noch die legendäre „Haifischbar“ vor sich hin schummert, gleich beim „Schellfischposten“, Deutschlands Couch-Potatoes bekannt aus der NDR-Freitagsspätschicht „Inas Nacht“.

Von „Hummer Pedersen“ über „Heidi-Fisk“ zu „Henssler & Henssler Sushi“, von der „Kiezküche St. Pauli“ über „Fabios Fisch“ und „Fischfeinkost Lauenroth“ (Garnelen Bollywood!), vom „Kaviar Kontor Hamburg“ bis zum „Fischmarkt Bistro“ (geöffnet ab drei Uhr, morgens!): Für jedes Portemonnaie ist etwas dabei, für alle Ansprüche auch. Von lässig bis urig ist das Ambiente, von klassisch über gutbürgerlich bis Stehtisch. Da sitzt die erschöpfte Touristin neben dem kernigen Hafenarbeiter, der Oben-Ohne(Schlips!)-Banker neben der flippigen Studentin und die Makrelenbrötchen futternde Omi neben dem noch an Mamas Tropf hängenden Enkelkind. Gleichzeitig ist die Cabriodichte in der cabrioreichsten Stadt Deutschlands enorm, und damit meine ich nun nicht den Baby-Buggy.

Das mag auch an den zahlreichen Edelrestaurants liegen wie dem „Au Quai“, dem „Rive“, dem „Fischereihafen Restaurant“ oder dem „La Vela“ mit ihren Logenplätzen an der Elbe. So manch angesagter Ort ist allerdings mit Vorsicht zu genießen. Oder mit Ohrenschützern, denn dank des hohen Glasanteils der Räume ist die Akustik zuweilen eine Katastrophe. Gegen den Geräuschpegel hilft oft nur: Mund halten, abschalten und wenigstens das Essen genießen.

Wer ganz gezielt was auf die Ohren sucht, ist im charmant abgerockten Hafenbahnhof richtig, Hamburgs kleinstem Musikcafé. Der unscheinbare Backsteinbau in der Kehre zwischen Kai- und Großer Elbstraße ist ein Überbleibsel der Altonaer Hafenbahn. Lange Zeit links liegen gelassen, geht hier heute kein Zug mehr ab, aber allabendlich die Post. Ob Bar, Café, Jazz-Bühne oder Klub, das Bahnhöfchen ist Chamäleon und Raumwunder in einem. Was macht es da schon, wenn man nur in der ersten Reihe gut sieht.

Cruise Center Altona | *Kreuzfahrt-Terminal*
Van-der-Smissen-Straße 5, 22767 Hamburg
www.hamburgcruisecenter.eu
Seit 2011 docken im gläsernen Kreuzfahrer-Terminal die weißen Luxusliner aus aller Welt an.

Dockland | *Bürohaus*
Van-der-Smissen-Straße 9, 22767 Hamburg
www.dockland-hamburg.de
Architekturjuwel von Hamburgs Stararchitekt Hadi Teherani und eigentlich nur ein schlichtes Bürohaus, dem man aufs Dach steigen kann. Scheint gleich abzulegen und leuchtet in der Abendsonne wie ein Kreuzfahrtdampfer. Allerdings einer mit Stil und ohne Tausende von Passagieren.

Haifischbar | *Kneipe*
Große Elbstraße 128, 22767 Hamburg, T. 040 3809342
www.haifischbar.net
Kneipenlegende mit Seemannsküche inmitten von Fischernetzen und Rettungsringen.

Zum Schellfischposten | *Kneipe*
Carsten-Rehder-Straße 62, 22767 Hamburg, T. 040 383422
www.schellfischposten.de
In der ältesten Hafenkneipe Altonas findet Inas Nacht statt, die kultige Musiksendung im Miniformat, die von Inas frech-frivolen Sprüchen lebt, dem Shanty-Chor, der mangels Platz vor der Tür singen muss, und natürlich von den singenden Gästen. Sind Ina & Co. gerade mal nicht da, kann man bei Käffchen oder Seemannskost drinnen und draußen sitzen. Mit etwas Glück kommt gerade dann die *Queen Mary 2* um die Ecke und wird zentimetergenau ins Blohm+Voss-Dock manövriert.

Fischmarkt
Große Elbstraße 9, 22767 Hamburg, www.hamburg.de/fischmarkt
Sonntags, April bis Oktober 5–9.30 Uhr, November bis März 7–9.30 Uhr
Hamburg-Klassiker für Nachteulen, Frühaufsteher oder Menschen, die dringend ein Katerfrühstück in Form von Matjesbrötchen benötigen. Inklusive Kleintiermarkt, Bananenpalmen aus Holland und Aale-Dieter.

stilwerk | *Wohndesigntempel*
Große Elbstraße 68, 22767 Hamburg, T. 040 30621100
www.stilwerk.com
Designfreaks finden hier ihr Eldorado hinter der historischen Backsteinfassade einer ehemaligen Malzfabrik (Baujahr 1907). Für stilvollen Durch- und Überblick übers edle Angebot sorgt der gläserne Aufzug über sechs Etagen.

Fischereihafen Restaurant
Große Elbstraße 143, 22767 Hamburg-Altona, T. 040 381816
www.fischereihafenrestaurant.de
Nur ein Steinwurf vom Dockland entfernt befindet sich das "Fischereihafen Restaurant" Hamburg. Wer den Genuss von frischem Fisch liebt, ist hier bestens aufgehoben. Wie soll es auch anders sein, denn in unmittelbarer Nähe des Fischmarkts gelegen, ist es zum Inbegriff für eine gepflegte Gastronomie geworden, die sich vor allem der perfekten Zubereitung von Meeresgetier aller Art verschrieben hat.

Hafenbahnhof | *Musikcafé*
Große Elbstraße 276, 22767 Hamburg, T. 0170 5089554
www.hafenbahnhof.com
Charmant abgerocktes Musikcafé mit Livebands und lässigem Outdoorbereich in Elbnähe.

Deutsche Seemannsmission e.V. | *Seemannshotel mit Club + Kirche*
Große Elbstraße 132, 22767 Hamburg, T. 040 306220
www.seemannsmission-altona.org
Hotel und Anlaufstelle für Seeleute mit herrlichem Hafenblick. Auch „Seh"leute kriegen hier ein Bett.

Die Elbe ist auf der anderen Seite

Auf dem Elbwanderweg von Blankenese nach Övelgönne

Schon lange war ich nicht mehr da. Viel zu lange. Das letzte Mal nach zweistündigem Fußmarsch in kurzen Hosen und mit Rucksack. Auch diesmal nähere ich mich dem Sehnsuchtsort von Westen, aber per Drahtesel und damit mehr als doppelt so schnell. Startpunkt ist das untere Ende des Mühlenbergs in Blankenese. Neun Kilometer muss ich stadteinwärts strampeln, um mich in einem der zahlreichen Övelgönner Cafés und Restaurants in einen Lounge-Chair mit Elbblick fallen zu lassen, aus dem man sich nie wieder erheben möchte. Schon der Weg dahin ist ein Traum. Gut 30 Meter unterhalb der Elbchaussee mit ihrem automobilen Gebrause radelt man den teils asphaltierten, teils sandigen Uferweg entlang. Wüsste man nicht mit Sicherheit, dass sie da ist, die villengesäumte Elbchaussee, man wähnte sich auf dem Land. Zur Linken schluckt dichtes Grün am Geesthang allen Geräuschmüll von oben, rechter Hand generiert der große Strom seine ganz eigene akustische Kulisse. Nur das Zwitschern der Vögel ist zu vernehmen auf dem Elbuferweg, das

Rauschen der Blätter in den hohen Bäumen, das Gurgeln und Flüstern der Wellen in den Ritzen des Ufergesteins. Letzteres besonders gut bei Ebbe, wenn schon ein kleineres Schiff genügt, um Trilliarden von Wassertropfen in rhythmische Schwingungen zu versetzen.

Man kann gar nicht so schnell gucken, wie man sehen möchte, trotz gemächlichen Tempos. Am anderen Ufer fliegen die Airbus-Werkshallen vorbei, zu Wasser pflügen bullige Schlepper und das Lotsenboot einem Containerriesen entgegen. Abseits der Fahrrinne, ausgerechnet vor dem surreal anmutenden Hintergrund eines geparkten Airbus, dümpelt hellblau und möwenumschwärmt ein Fischkutter mit weit aufgespannten Netzen, wie man ihn nur noch auf Nord- oder Ostsee vermuten würde. Ein Anachronismus? Nein, eine Reminiszenz an fast vergangene Zeiten.

Es fällt schwer, auf den eigenen Weg zu achten, der doch ebenso belebt ist wie die Wasserstraße. Paare jeden Alters sieht man schlendernd Hand in Hand, ältere Damen unter schrägen älteren Hüten, einen Schwarm Nordic-Walkerinnen mit Alibi-Mann „am Stock“, Hundesitter mit ihren wild kombinierten Rudeln, eine halbe Kita im Schlepp angenervter Erzieherinnen: „Louise, das gefällt mir gar nicht, wie du dich heute verhältst. Warum willst du nicht verstehen, dass ...?“ Dazu jede Art von Fahrzeug außer Auto. Mamis und Papis joggen hinter ihrem dreirädrigen Turbo-Buggy her, unsichtbar für das darin sitzende Kleinkind, dem der Fahrtwind um die Öhrchen pfeift. Liegefahrräder umkurven die Langsamfahrer und -geher in rasantem Slalom. Und auf der Mauer bei „Dill sin Döns“, dem Fischrestaurant

unterhalb des Hotels „Jacob“ mit seiner von Max Liebermann verewigten Lindenterrasse, ruht tiefenentspannt die kurzbehoste Rollschuhläuferin mit acht quietschgelben Rollen an den Füßen.
Am Anleger Teufelsbrück, wo die Elbe und ihre berühmte Chaussee sich ein einziges Mal gleichsam auf Augenhöhe begegnen, heißt es Leinen los für die Elbfähre zum kurzen Sprung über den Fluss nach Finkenwerder und ins Alte Land. Mit einem Sprung in die Gegenrichtung wäre ich im herrlichen Jenischpark. Aber ein andermal. Fahrradfahren darf ich da sowieso nicht.
Weiter gen Osten also, obwohl man pausenlos Rast machen möchte, um sich alles in Ruhe anzuschauen. Überall laden idyllische Plätzchen dazu ein. Eines der schönsten ist für mich das „Strandhaus“, ungefähr auf halber Strecke zwischen dem Fähranleger Teufelsbrück und dem Neumühlener Anleger zu finden. Auch als es noch Elbkate hieß, konnte ein Biergartentisch viel besser nicht stehen. Die Füße auf weichem Graspolster und fast schon im Wasser, sitzt man im lichten Schatten direkt an der Elbböschung, neuerdings frisch aufgemöbelt bei Surf & Turf an Strandkorb und Klappliegestuhl. Was ist das jetzt? Long Island-Chic an der Elbe oder gar die Hamptons light? Die ollen Matjes Hausfrauenart oder Pflaumenkuchen mit Sahne gibt's aber zum Glück immer noch. (Kurioser Hinweis am Rande: Genau hier eröffnete 1925 Altonas Bürgermeister Max Brauer Deutschlands erste Wasserfluglinie. Auf der Strecke Hamburg–Dresden hatten die Maschinen „Silbermöwe“ und „Wildente“ der Junkerswerke Dessau nicht nur Post und Passagiere an Bord, sondern auch noch frischen Fisch.

Eines jedoch irritiert mich, und zwar durch Abwesenheit. Sollte ich ihn etwa verpasst haben, den Alten Schweden, den steinernen Riesen aus der Eiszeit, auf den man 1999 beim Ausbaggern der Fahrrinne in 15 Metern Tiefe vor Övelgönne gestoßen war? Der hätte doch hier liegen müssen, zwischen Teufelsbrück und der Kate. Wegschwimmen kann er schließlich nicht bei den 217 Tonnen, die er wiegt; jedenfalls nicht ohne neue Eiszeit. Und übersehen lässt er sich nur mit einer Binde vor den Augen. Trotzdem: kein schwedisches Schwergewicht, nirgendwo. Wo zum Teufel steckt es bloß? Fragen wäre mir peinlich, also fahre ich weiter. An Schröders Elbpark vorbei, der sich zwischen Elbchaussee und Hans-Leip-Ufer den Hang hinunterzugießen scheint. Vorbei an vom Elbwasser unterspülten Trauerweiden, die, auf den Strand gesunken, schattige grüne Höhlen bilden und zum Dranlehnen und Draufherumklettern verlocken.
Und da ist er endlich, der Koloss aus dem hohen Norden, den vor 200 000 Jahren gewaltige Eiskräfte bis ins sich erst noch formende Urstromtal der Elbe geschoben haben. Luftlinie circa 600 Kilometer weit. Als man 1999 mit Hilfe eines Schwimmkrans den ersten Bergungsversuch startete, schließlich lag der Findling „im Weg", plumpste er erst einmal zurück in die Fluten. Am Övelgönner Strand hopste ein paar Tage später in der herbstlich kühlen Abendsonne ein verzweifelter Obelix herum, auf der Suche nach seinem Hinkelstein und begleitet von einem NDR-Reporter samt Kamera und Puschelmikrofon. Unter den wenigen Spaziergängern hielt Letzterer nach einem Opfer Ausschau, das Obelix einen Tipp zum Verbleib des monströsen Findlings geben könnte.

Nix wie weg, dachte ich damals. Nix wie rauf, denken sich heute ganze Schulklassen, deren Ziel es ist, den steinernen Riesen mit seinen 20 Metern Umfang zu bezwingen. Als ich vorbeikomme, steht gerade keiner oben. Vom Horizont grüßt einzig das blau-rote Gewirr der Hafenkräne herüber. Stählernen Giraffen gleich recken sie die Hälse in den Himmel, allenfalls überragt von den silbrig glänzenden Windmühlen des 21. Jahrhunderts.

Kurz darauf stehe ich auch schon am westlichen Einstieg zur pittoresken Häuserzeile von Övelgönne. „Vernünftige steigen hier ab", ist auf einem Schild zu lesen, „allen anderen ist Radfahren verboten." Macht Sinn, denn wenn hier etwas fehl am Platz ist, dann Eile. Idyllische Ein- und Aussichten zu beiden Seiten des schmalen Wegs wollen bewundert werden – nicht immer zur Freude der Anwohner, die sich gelegentlich vorkommen müssen wie im Zoo auf der falschen Seite des Gitters. In den grünen Elbhang gekuschelt, wechseln sich Rotklinkerhäuschen mit Sprossenfenstern ab mit leuchtend weiß verputzten Fassaden und Fachwerkgiebeln. Üppige Kletterrosen ranken neben Glyzinien an den filigranen gusseisernen Säulen der Veranden empor. Nautische Instrumente aus glänzendem Messing ruhen in Fensternischen wie in Museumsvitrinen. Seefahrtsreliquien in Form von dicken Eisenketten oder Schiffsschrauben schmücken kieselgepflasterte Minivorgärten. In einem davon steht selbstbewusst ein von Wind und Wetter malträtiertes metallenes Objekt stramm, das wie eine Kreuzung aus historischem Standkompass und Taucherglocke anmutet und womöglich von den Jahrzehnten zeugt, die Groß- und Urgroßvater auf der Brücke eines Südamerika-Frachters verbrach-

ten. Ein Statement. Wer hier wohnt, weiß, wer er ist, ohne dafür Beifall zu benötigen.
Im Gegenteil. „Die Elbe ist auf der anderen Seite" war viele Jahre lang an einem der alten Kapitänshäuser zu lesen. Das Schild ist heute nicht mehr da. Der Versuch, die Blicke weg von seinem Privatleben und Richtung Fluss zu lenken, hat sich wohl als sinnlos erwiesen. Ist aber auch kein Wunder. Die Kapitäns- und Lotsenhäuschen sind einfach zu zauberhaft zum Wegsehen. Alle drei Meter möchte man anhalten, das dörflich wirkende Idyll genießen, sofort einziehen oder wenigstens eintreten. Wenn da nicht die immerwährende Geräuschkulisse wäre, der Sound des Hamburger Hafens, der gegenüber beginnt. Das Klong-Klong von Metall auf Metall, das Motorengedröhne. Wenn's ganz dicke kommt, gesellt sich auch noch die elektrische Heckenschere oder der Rasenmäher des Nachbarn dazu. Oder die geräuschvolle Renovierung seiner schnörkeligen Balkonbrüstung. Was mähen sie hier eigentlich? Die Rasenstücke jenseits des Spazierwegs sind nicht viel größer als zwei Badehandtücher. Nicht mal eine Ziege würde davon satt.
Reinschauen erwünscht ist in der „Oevelgönner Seekiste". Das selbst ernannte „Museum" mit Familienschätzen aus 250 Sammlerjahren öffnet (auf Anmeldung) täglich seine Pforten für Liebhaber maritimer Objekte. Vom Wal-Penis aus dem Nachlass von „Käppen" Lührs' Tante Hermine bis zum Hochzeitsoutfit seiner Großmutter, von Störtebekers Original-Holzbein bis zu bernsteinfarbenen Krokodilstränen unbekannter Provenienz gibt es allerlei Bizarres zu bestaunen, diverse Knäuel Seemannsgarn inbegriffen. Schräg gegenüber der Seekiste liegt der wohl be-

kannteste und meistbeschrittene Övelgönner Abgang zum Elbstrand. Quer durch die „Strandperle" hindurch, bei der man selbstverständlich hängen bleibt. Auch hier war ich lange nicht mehr. Zum letzten Mal mit meinem Vater bei seinem allerletzten Hamburg-Besuch vor 15 Jahren. Vor einigen Jahren ist er gestorben. Wehmut beschleicht mich hinterrücks mitten im Strandgetümmel. Fast leer war es an dem leicht dunstigen Septembermorgen damals und fast melancholisch die Stimmung. Ganz im Gegensatz zu diesmal.

Bei Sommerwetter ist hier grundsätzlich die Hölle los, schon mittags um zwölf, mitten in der Woche und noch vor den großen Ferien. Kinder in Badehose mit Schaufel, Eimer und Hund. Braungebrannte und pilotenbebrillte Typen – die personifizierte Coolness in Marken-Flipflops und „Da hinten liegt meine Yacht"-Attitüde. Hipster mit Bart und Jan-Delay-Hut. Dazu Hamburg-Touristen aus Hamburg, die über zu viel Satz im Kaffee meckern und mit den exotischen Ferienreisen ihrer erwachsenen Kinder prahlen, statt sich über die grandiose Aussicht an Ort und Stelle zu freuen und gefälligst in Ehrfurcht und Dankbarkeit zu erstarren! Dazwischen turnt die studentische Bedienung auf sandgepuderten Holzbohlen herum, barfuß und in kurzer Boller-Jeans zum Spitzentop. Wie beruhigend, inmitten des Gewusels und Stimmengewirrs diesseits der Elbe den Schwimmbagger gegenüber zu beobachten, der in aller Gemächlichkeit mit seinem gelben Greifarm die Elbe ausbaggert – die Entdeckung der Langsamkeit.

Oben an der Elbchaussee in Höhe Himmelsleiter verengt sich derweil für einen Kilometer drastisch die Fahrbahn, weil beidseitig Stoßstange an Stoßstange Cabrios und Kombis parken. Und zwischen oben und unten hält Janet Heinz die Stellung, die ghanaische Toilettenfrau der „Strandperle", die wöchentlich mit neuer kreativer Haartracht aufwartet, gern mit ihren Kunden plaudert und schon für eine Frauenzeitschrift porträtiert wurde. Selbstverständlich hängt das Porträt gerahmt im Waschraum.

Die „Strandperle" ist keineswegs die einzige Perle am Strand von Övelgönne, nur die erste in einer ganzen Kette. Die kultige Kioskbar mit Strandterrasse bildet den westlichen Einstieg in die lebhafte Café- und Restaurantszene, die sich insbesondere am Museumshafen Oevelgönne e.V. breitgemacht hat. Die Anlieferer all der Getränke- und Lebensmittelkisten haben keinen einfachen Job entlang dieser „Rennstrecke". Ausgebremst vom Gegenverkehr oder den lahmen Enten vor ihnen, gefordert von hügeligen Abschnitten sowie zähflüssigen Rentnergruppen, sperrigen Kinderwagen oder verhinderten Radlern, stehen sie im Stau und haben es längst aufgegeben, sich im schweißtreibenden Slalom zu versuchen. Ruhiger geht es auf der breiten Gangway zum Museumshafen und dem Fähranleger Neumühlen/Övelgönne zu. Als gemeinnütziger Verein gegründet, beherbergt der Museumshafen Oevelgönne e.V. – sympathisch stur mit dem traditionellen „Oe" im Namen – in seinem Hafenbecken ehemalige Berufsschiffe, die überwiegend zwischen 1880 und 1960 auf Kiel gelegt wurden. Vom wohl ältesten seegängigen Feuerschiff der Welt, „Elbe 3", bis zum voll funktionstüchtigen Dampfeisbrecher „Stettin", vom Schwimmkran „HHLA 1" bis zum

Ewer „Elfriede“ und dem Restaurantschiff „Bergedorf“, einer ehemalige HADAG-Fähre. Daneben bietet „Nuggi's Elbkate“ auf dem Anleger alles, was der Mensch am Wasser braucht: Fischbrötchen, Wurst mit Ketchup und Mayo und natürlich die unverzichtbare Astra-Knolle.
Damit kein falscher Eindruck entsteht: Der Ort ist kein Schiffsfriedhof. Dieser Hafen lebt. Viele der hier liegenden Schiffe wurden als Wracks an fernen Gestaden entdeckt, in mühseliger und oft jahrelanger Arbeit restauriert und fahrbereit gemacht. So wie der Dampfschlepper „Tiger“, der heute auf der Elbe wieder kräftig Dampf ablassen darf. Das knuffige Kraftpaket, vor über hundert Jahren nach dem Mehl der Marke Tiger einer Altonaer Mühle benannt, hat zwar keinen Tiger im Tank, aber einen an Bord. Beleidigt lümmelte das plüschige Streifentier in der Kammer mit den Schwimmwesten und guckte mich nur mit dem Hintern an, als ich es fotografieren wollte. Anscheinend ihm zuliebe quittierte in diesem Moment der Akku meiner Kamera den Dienst. Dafür lächelt mir künftig der knallrote Leuchtturm zu, der frisch nach Neumühlen umgezogen ist. Eigentlich eher ein Leuchttürmchen, wurde er nach 80 Jahren Dienst auf der Elbinsel Pagensand vom Wasser- und Schifffahrtsamt Hamburg ausgemustert und dem Museumshafen-Verein zum Geschenk gemacht. Am landseitigen Zugang zum Hafen steht er goldrichtig, stammt er doch aus der gleichen Epoche wie ein Großteil der Schiffe, über die er nun wacht.

Ein bisschen historisch sind sogar die Nachbarn der Traditionsschiffe. Für die noble Seniorenresidenz Augustinum mit ihrem zur Elbe hin gläsernen

Außenaufzug wurde 1991 das gleichermaßen viereckige Union Kühlhaus abgerissen. Ebenso fasziniert wie melancholisch habe ich damals der Abrissbirne bei der Arbeit zugesehen; schließlich war das 1924 erbaute Kühlhaus fast zu einer Art Wahrzeichen am Eingang zum Hamburger Hafen geworden. Heute genießen gut betuchte ältere Herrschaften von hier einen grandiosen Blick über den Hafen und die wie bunte Lego-Klötzchen aufgestapelten Container des Terminals Burchardkai mitsamt seinen 30 hyperaktiven Containerbrücken.

Oevelgönner Seekiste | *Privatmuseum*
Övelgönne 61, 22605 Hamburg, T. 040 85 35 88 25
www.museum-seekiste.de
Im selbsternannten „Museum“ lassen sich Kuriositäten aus nicht nur einem Seemannsleben bestaunen. Mit Wal-Penis und mit jeder Menge Seemannsgarn. Geöffnet täglich nach telefonischer Anmeldung.

Strandperle | *Strandkiosk und Outdoor-Kneipe*
Övelgönne 60, 22605 Hamburg, T. 040 8801112
www.strandperle-hamburg.de
An dieser Perle kommt keiner vorbei. Dauerurlaubsflair mit Strandkiosk und viel Sand. Hunde, Kinder, Touris, Hipster. Alles, was oben an der Elbchaussee einen Parkplatz findet oder sinnvollerweise gleich zu Fuß erscheint, ist willkommen beim Ship-Spotting und Beobachten der Nebensitzer.

Alter Schwede | *Naturdenkmal*
Hans-Leip-Ufer südöstlich Schröders Elbpark am Strand von Övelgönne, 22605 Hamburg
Umfang: 19,5 Meter, Höhe 4,5 Meter, Gewicht: 217 Tonnen, Alter: 320 000 Jahre (mindestens). Das erste Wort im Namen des eiszeitlichen Riesenfindlings, der 1999 bei einer Elbvertiefung geborgen und an den Strand von Övelgönne verbracht wurde, ist damit schon mal erklärt. Das zweite verweist auf seine Herkunft aus dem schwedischen Småland.

Strandhaus am alten Schweden | *Restaurant/Café*
Övelgönner Hohlweg 12, 22605 Hamburg, T. 040 85352351
www.strandhaus-am-alten-schweden.de
Nirgendwo stehen die Tische dichter an der Elbe und seit Ostern 2017 wartet die Terrasse mit 25 Strandkörben auf. Das maritime Innenleben der früheren Elbkate ist nagelneu wie der Chef, ehemaliger Kapitän des FC St. Pauli. Von der Elbchaussee führt in Höhe Halbmondsweg ein kleiner Weg durch Schröders Park hinunter.

Museumshafen Oevelgönne e.V.
Anleger Neumühlen/Övelgönne, 22763 Hamburg, T. 040 41912761
www.museumshafen-oevelgoenne.de
Unterm zweitniedlichsten Leuchtturm der Stadt (der niedlichste steht an der Bunthäuser Spitze in Wilhelmsburg) dümpeln Veteranen der Berufsschifffahrt. Darunter ein Feuerschiff, ein Dampfeisbrecher und eine ehemalige HADAG-Fähre mit Restaurant an Bord.

StadtRAD Hamburg | *Fahrradverleih*
stadtrad.hamburg.de
In Neumühlen/Övelgönne befindet sich die zweitwestlichste Leihstation an der Elbe. Knapp 4 Kilometer weiter Richtung Blankenese liegt die Station Elbchaussee/Teufelsbrück mit ihrem Fähranleger Richtung Altes Land.

Rhododendren und Retriever

Im Hirschpark und am Mühlenberg

„Welche Marke ist dein Hund?“ Diese wunderbare Frage stellte anlässlich eines Kindergeburtstags bei uns zu Hause der einzige anwesende Junge quer über die Kuchentafel. Markenfetischismus im Vorschulalter? Kollektives Unbewusstes in den Elbvororten? Weder noch. Der korrekte Ausdruck war dem jungen Mann wohl einfach gerade entfallen oder noch nicht über den Weg gelaufen. Dabei hat er ungewollt den Nagel auf den Kopf getroffen, denn als vierbeinige Begleiter kommen in den hiesigen Parks, so scheint es, nur drei Sorten Hund in Betracht. Das Elb-Frauchen trägt Retriever, Labrador und seit einigen Jahren verschärft stylishen Mops. Gern im Doppelpack, unangeleint und selbstverständlich in Blond. Wie das durchgesträhnte Selbst.

Allerorten ist der sechs- bis zehnbeinige Partnerlook zu beobachten, von der Elbe bis zu den großen Landschaftsparks im englischen Stil, die das hohe Elbufer säumen. Im Hirschpark zum Beispiel. Seite an Seite trödeln die ungleich-gleichen Paarungen

durch die häufig als Filmkulisse genutzte majestätische Lindenallee, umrunden die üppigen lila und pink gesprenkelten Rhododendronhecken und heben das Bein an gewaltigen Baum-Solitären, angesichts deren hoher Wipfel sich so ein Mops am Boden vorkommen muss wie eine Ameise.
Der kleine Teich mit der verwildert-verwunschenen Insel in der Mitte erinnert zuweilen an eine Landschaft, wie sie Edgar Allan Poe imaginiert haben könnte. Flächendeckend verhindert Entengrütze, dass der Himmel seinem Spiegelbild begegnet, und beim Anblick der im modrigen Wasser dümpelnden Äste und Baumrinden fände man es fast normal, streckte plötzlich ein Krokodil den Rachen aus den Fluten. Passiert zum Glück nicht. Allenfalls schlägt einer der Pfauen im Tiergehege ein Rad, oder ein Damhirsch macht träge seinem Harem Beine. Versteckt zwischen Teich und Elbchaussee, kuschelt sich neben dem romantisch gelegenen kleinen Tennisklub das gemütliche „el local" ins Grün.
Entlang der Wege laden Bänke zum Verweilen ein, sommers auch die dunkelgrün lackierten Adirondack Chairs mit der breiten Coffee-to-go-tauglichen Armlehne. Über die Rasenflächen zwischen Rhodos verstreut, finden sie sich dort, wo der letzte Be-Sitzer sich ein Sonnen- oder Schattenplätzchen gesucht hat. Amerikanischer kann ein Stuhl nicht sein. Bequemer und mehr Ostküste auch nicht. Passt also gut zu Hamburg. Doch erst auf den Alsterwiesen wird der „All American Chair" zum Hanseaten. „Alsterstuhl" nennt er sich dort und präsentiert sich passend zur Schwanen-Flotte in leuchtendem Weiß. Liebe Leute, lasst ihn bitte heile, sonst wird er uns ganz weggenommen wie schon im Stadtpark.

Besonders mag ich im Hirschpark das kleine Quarrée mit dem schlichten Brunnen im Zentrum, eine ehemals französische Oase inmitten der englischen Landschaftsarchitektur. Wolken von zartgelben Azaleen fassen es von allen Seiten ein und hüllen es im Mai in einen derart betörenden Duft, dass man gar nicht wieder herausfinden mag. Seit vor ein paar Jahren die unsäglich spießigen Tagetes nebst anderem struppigen Bewuchs entsorgt und, ganz im Gartentrend der Zeit, durch luftige Gräserstauden ersetzt wurden, tanzen ab dem Spätsommer zarte Halme flirrend im Wind. Gepflanzte Leichtigkeit des Seins.

Nicht ganz so leichtfüßig thront mit Blick über die Elbe ein Christian-Frederik-Hansen-Bau auf dem Geestrücken. In dem klassizistischen Herrenhaus, 1789–1792 für den Hamburger Reeder Johann César IV. Godeffroy errichtet, der aus einer französischen Hugenottenfamilie stammte und auch den Hirschpark anlegen ließ, ist seit vielen Jahren die Lola-Rogge-Schule für Tanz beheimatet. In ihren lichten Räumen werden nicht nur Ballett-Mäuse im Tutu unterrichtet, angehende Tanz-Pädagogen trainieren hier auch coolen Hip-Hop, dessen Klänge bei geöffneten Fenstern in den Park wehen und einen wünschen lassen, man wäre noch gelenkig. Gegenüber liegt das reetgedeckte ehemalige Kavalierhaus, das „Witthüs“, heute ein Restaurant im friesischen Stil, das sommers seine Köstlichkeiten auch unter hohen Linden im Freien anbietet.

Umwandert man Herrenhaus und Tiergehege in beliebiger Richtung, hat man am südlichsten Punkt von einem Rund aus Holzbänken einen schönen Blick auf die andere Elbseite. Darunter dümpeln im lauschigen Hafen des Mühlenberger Segelklubs karweelbeplankte Tuckerboote einträchtig neben kleinen Yachten. Falls die nicht gerade auf Schlick liegen. Zu groß darf die Yacht in diesem Hafen nämlich nicht sein, und das Zeitfenster Hochwasser sollte man auch nicht verpassen. So mancher Freizeitkapitän hat den geplanten Segeltörn schon im Schlick der Hafeneinfahrt verbracht.

Kein Problem mit dem Tiefgang hat die große „Opti-Flotte" des Vereins. Von Mitte März an täglich ab halb fünf setzen sich die Kleinst-Jollen für Kinder vom Klubhaus aus in Bewegung. Das sieht aus wie Krötenwanderung mit Segel und ist eine Schau für sich. Mit Argusaugen wachen die Mütter der Segeljüngsten darüber, dass nicht nur bootstechnisch alles beisammen ist und der Nachwuchs eine Mütze aufhat, sondern dass er auch unfallfrei mit Boot über den Elbuferweg kommt. Vor allem aber, im Schlepp von Kursleiterin Netti und Kollegen, zwischen den Containerriesen hindurch ins Mühlenberger Loch, das angestammte Segelrevier auf der anderen Elbseite.

Godeffroy-Haus | *Herrenhaus*
Elbchaussee 499, 22587 Hamburg
Das klassizistische Herrenhaus aus dem 18. Jahrhundert von Christian Frederik Hansen im Hirschpark, einem der schönsten englischen Landschaftsgärten der Elbvororte, beherbergt heute eine Ballettschule.

Witthüs | *Restaurant, Café, Teehaus*
Elbchaussee 499a, 22587 Hamburg, T. 040 860173
www.witthues.com
In dem über 200 Jahre alten Reetdachgebäude gegenüber dem Godeffroy-Haus lebte 1950–1959 der Dichter, Komponist und Orgelbauer Hans Henny Jahnn.

el local | *Restaurant/Café*
Elbchaussee 477, 22587 Hamburg, T. 040 863742
el-local.de
Ein exotischer Mix und Stilbruch mit Ansage: Tapasküche unter Reet von maurischen Möhren bis Krake. Kaffee und Kuchen gibt's auch.

Mühlenberger Segelclub | *Segelverein*
Elbuferweg 135, 2260 Hamburg, T. 040 8663108
www.msc-elbe.de
Schiffchen-Gucken von der sonnenbeschirmten Vereinsterrasse, dazu amüsantes Eltern-Kind-Gewusel und die günstigsten Getränkepreise im Hamburger Westen.

Lieblingsplatz an der Elbe

Op'n Bulln

Pudelmützentemperaturen. Die Luft eher frisch als lau. Mit geschlossenen Augen an die Holzverschalung des Kiosks gelehnt, recke ich trotzig die Nase in die Mittagssonne. Dem Frühling entgegen. Keiner redet, chillige Musik plätschert unaufdringlich aus den Außenlautsprechern, leise klötern Kaffeelöffel und Currywurstbesteck. Wäre nicht das gelegentliche Schaukeln von den Bugwellen der großen Pötte, die Richtung Hafen laufen oder raus in die Nordsee, man wähnte sich in den Alpen. So geht Skihüttenfeeling auf Hamburgisch. Zu jeder Jahreszeit. Wenn ich zu lange nicht auf dem Blankeneser Bulln war, dieser Insel der Seligen, werde ich kribbelig. Nirgendwo fühlt sich Elbe entspannter an, dichter kann man ohne Boot nicht dran sein an ihr. Ein Wohlfühlort, der mir Tucholskys „Ideal" ins Gedächtnis ruft:

Ja, das möchste:
Eine Villa im Grünen mit großer Terrasse,
vorn die Ostsee, hinten die Friedrichstraße.
Mit schöner Aussicht, ländlich mondän,
vom Badezimmer ist die Zugspitze zu sehen –
aber abends zum Kino hast dus nicht weit.
Das Ganze schlicht, voller Bescheidenheit ...

Der Bulln ist der Schiffsanleger vorm Blankeneser Elbstrand, ein steinerner Schwimmponton mit rauem Charme. Vorn die Elbe, hinten das malerische Treppenviertel und statt Zugspitze der Süllberg. Was in Berlin nach einem seiner royalen Friedrichs benannt ist, heißt hier Blankeneser Bahnhofstraße, und ein kuscheliges Programmkino gibt es fußläufig auch. Früher war er „unser Bulln" und stand noch nicht in jedem Reiseführer. Inzwischen ufert er, den Touristenströmen geschuldet, ein bisschen aus. Rechter Hand, wenn man die breite Gangway hinunter- oder – je nach Tide – auch mal hinaufkommt, hat sich das Restaurant „Fischclub" mit seinen Panoramascheiben zur Elbe hin etabliert. Links sitzt seit Jahrzehnten besagter Kiosk, anfangs nur mit ein paar Holzbänken und -tischen an der Außenwand plus Fleecedecken. Mittlerweile mäandern seine Bistrotische und Stühle über den gesamten Ponton bis zu dessen östlichem Ende; innen hat er sich kürzlich geradezu schick gemacht. Am liebsten bin ich wochentags da, gern morgens. Alles geht lässig bis dröge seinen Gang, und es sind noch keine „Schnacker" unterwegs (nicht zu verwechseln mit Schnaken; die heißen in Hamburg Mücken und sind ebenso lästig). Wer um diese Uhrzeit kommt, möchte genießen und seine Ruhe haben. Mit einem Schnacker an der Seite ist das nicht möglich. Wer Pech hat und neben einem solchen – oder gar mehreren davon – zu sitzen kommt, fragt sich meist vergebens, wo bei dem der Aus-Knopf ist und ob man ihm nicht wenigstens den Ton abdrehen kann. Wer hat schon Lust, sich langatmige Geschichten über sein abenteuerliches Dasein auf der Sonnenseite des Lebens anzuhören, vorgetragen mit dieser ganz bestimmten Art von selbstbewusster Ignoranz, bei der ich mich frage, wen genau sie beeindrucken soll. Gern würde man ihm einen Schubs in die Elbe verpassen, doch Ungeduld mit seinen Mitmenschen oder gar mit der Bedienung ist beim „Ponton op'n Bulln“ komplett daneben.

Gelegentliche stramme Ansagen von Chefin Ela gehören daher zum Lokalkolorit. Gemeckert wird hier nicht – Selbstbedienung. Und wenn doch, dann höchstens von ihr selbst, zum Beispiel mit nörgeligen Gästen, die nicht Bescheid wissen. Gast zu Ela: „Könnten Sie die Markise runterlassen, die Sonne blendet. Nein, nicht so doll, nur so, dass ...“ Ela zu Gast, während sie den Schattenspender nach eigenem Gutdünken reguliert: „Also, Sie sind jetzt hier mal ganz still.“ Gast schluckt und schweigt verschreckt; jedenfalls der von auswärts. Der Hamburger nimmt so was nicht persönlich. Hauptsache, sein Hund findet jederzeit eine Schale mit frischem Wasser neben den gusseisernen Schiffspollern vor; die Hundeschale ist hier XXL.

Die Poller. Überhaupt. Ein Aufschrei der Bulln-Liebhaber ertönte vor einigen Jahren längs der Küste, als man zum Frühlingsluftschnappen die breite Gangway herunterkam. Jemand ohne Sinn für Ästhetik hatte sie knallgelb gestrichen: sämtliche 15 ehemals

so wunderbar glatt geschrubbte Poller an der Pontonkante, Originalfarbe Rost. Aus Sicherheitsgründen wohl, okay. Aber was für eine Scheußlichkeit. Gab's keine rote Farbe? Oder wenigstens dunkelorange? Zum Glück blättert der Lack bereits wieder ab und ich bin bereit, sie persönlich neu zu streichen, sofern man mir die Wahl des Farbtons überlässt. So. Das musste mal gesagt werden.
Seinen seltsamen Namen hat der Bulln von dem bulligen Schiff, das vor 150 Jahren als Vorläufer des Schwimmpontons als Anleger diente, und nicht von den jütländischen und Holsteiner Ochsen, die hier jahrhundertelang nach mehrwöchigem Treck von Norden auf die andere Elbseite übergesetzt wurden, nach Buxtehude und weiter südlich. Heute gibt es größere Kolosse zu bestaunen, simultan zu Wasser und in der Luft, denn schräg links gegenüber, vor der Halbinsel Finkenwerder, liegen seit 2003 die Airbus-Montagehallen. Als das Werk neu war, dachte man trotz ambitionierter Architektur, oje, nun kann man nur noch elbabwärts schauen. Doch im Dunkeln, wenn seine Beleuchtung sich mehrfarbig im Wasser spiegelt, sieht es gar nicht mal so übel aus. Zeitgenössische Industrieromantik sozusagen. Mehrmals am Tag bringt der Riesenluftfrachter „Beluga“, der „fliegende Walfisch“, große Flugzeugteile wie Flügel zur Weitermontage in die europäischen Standorte des Unternehmens.
Geradezu bescheiden dagegen nimmt sich weiter westlich die „Nähmaschine“ aus. Die beiden Kräne der Schiffswerft Pella Sietas auf der anderen Flussseite gegenüber vom Bulln, wo die Este in die Elbe mündet, erinnern mich stets an die alte Pfaff meiner Mutter, die jeden Augenblick losrattern konnte.

Wer mag, nimmt die Elbfähre „Altona“ nach Cranz, drüben im Alten Land.
Einen Leuchtturm, rot-weiß gestreift, wie es sich gehört, und mit den Füßen im Wasser, hat der Elbstrand ganz in der Nähe selbstverständlich auch zu bieten. Einst ungeliebt – vor 30 Jahren prozessierte man sogar dagegen, dass einem die Aussicht verdorben wurde – gehört das Blankeneser Unterfeuer heute zum Blankeneser Elbstrand wie der Sand selbst. Die Dorfjugend wagt dort wochenends alle Sommer wieder die ersten, meist unerlaubten, Schritte ins Erwachsenenleben, mit sämtlichen Risiken und Nebenwirkungen, die das so zu bieten hat. Und es soll schon welche gegeben haben, die sich gezwungen sahen, auf der Aussichtsplattform zu übernachten, weil das Morgenhochwasser die steinerne Gangway zum Turm und damit den Rückweg überflutet hatte.
Allein, das Schicksal des Leuchtturms ist ungewiss, denn er ist zu klein geworden. Nicht, dass er geschrumpft wäre, doch im Zuge der geplanten Elbvertiefung und der damit verbundenen Anpassung der Fahrrinne auf 385 Meter Breite wäre er nicht mehr hoch genug, um zusammen mit dem Oberfeuer ein sicheres Aneinandervorbeikommen der Elbschifffahrt zu garantieren. Geplant ist, dass er als Ponton mit Aussichtplattform erhalten bleibt; sein Kompagnon auf dem Kanonenberg im Baurs Park hingegen soll vollständig zurück- und zwei neue Leuchttürme 125 Meter weiter elbaufwärts in passendem Abstand wieder aufgebaut werden. Ein Anwohner hat schon mal vorgebeugt und sich seinen eigenen kleinen Leuchtturm an den Strand gestellt: rot-weiß-gestreiftes Kleid an Holzstele mit Top-Licht obendrauf. Nett.

Für alle, die keinen Platz an der Sonne oder im Niesel mehr finden, hat der Ponton op'n Bulln übrigens einen ebenso lässigen Ableger an Land. Die „Kajüte S.B.12“ liegt am Strandweg hinterm Leuchtturm, dem echten. Dort streckt, wer will, die nackten Füße direkt unter den Biertischen in den Elbsand.
Ein Tipp noch für sportliche Frühaufsteher(innen): Sonntagmorgens, kurz vor 9, kommt Bewegung in den Elbhang, denn zwischen 9 und 10 findet ab Mai bei schönem Wetter Open-Air-Yoga auf dem Ponton statt. Mit anschließendem Frühstück bei Ela. Ungeschminkt und unambitioniert gekleidet streben die Eingeweihten mit ihren Yogamatten zum Wassersport der besonderen Art. So mancher Vorbeisegler staunt nicht schlecht, wenn die biegsamen Damen konzentriert den „Reiher“ geben. Oder die „Kobra“.

Ponton Op'n Bulln | *Bistro auf dem Fähranleger*
Strandweg 30, 22587 Hamburg, T. 040 86645127
pontonopnbulln.kajuetesb12.de
Liegt nicht nur an, sondern auf der Elbe, sodass man bei jeder Welle vom Strom selbstvergessen mitschwankt. Gechillte Musik vom Außenlautsprecher, gechilltes Publikum und leckerste Süppchen aller Art. (Fisch steht natürlich auch auf der Karte.)

Fischclub | *Restaurant*
Strandweg 30a, 22587 Hamburg, T. 040 869962
www.restaurant-fischclub.de
Schmackhafte Fischküche, große Panoramascheiben zur Elbe und am Abend immer eine romantische Beleuchtung.

Kajüte S.B. 12 | *Strandkneipe*
Strandweg 79, 22587 Hamburg, T. 040 86648640
www.kajuetesb12.de
Hat drinnen Platz für ca. 24 Leute, draußen gibt's Fleecedecken und an den Bierbänken auf dem Strand ordentlich Elbsand unter den Füßen.

Open-Air-Yoga mit Antje Reuter | *Frühsport auf dem Ponton*
www.YA-HH.de

Airbus Finkenwerder – Werksführung
Kreetslag 10, 21129 Hamburg,
Infotelefon 040 74373975 (Ansageband)
www.airbus-deutschland-gmbh
Wer die spannende Welt des Flugzeugbaus erleben will, bucht eine Werksführung via Globetrotter-Reisebüro. 23,90 € pro Person, frühzeitige Buchung empfohlen und unbedingt Personalausweis oder Reisepass mitbringen (Buchungshotline 09005 247287, 49 Cent/Min. aus dem dt. Festnetz, Mobil abweichend).

Elbfähre ab Op'n Bulln nach Cranz und ins Alte Land
www.hadag.de
Verkehrt stündlich ab 1. April bis 3. Oktober täglich von 6.30 Uhr bis 20.30 Uhr, ab 4. Oktober bis 31. März, mo – fr von 6.30 Uhr bis 17.30 Uhr, Sa und So ab 9.30 Uhr bis 16.30 Uhr. Fahrräder dürfen mit an Bord und sind stets kostenpflichtig. Achtung: Tidebedingt ist die Überfahrt nach Cranz gelegentlich nicht möglich.
An Werktagen gilt der HVV-Tarif.

Elbfähre Blankenese <–> Landungsbrücken
Online-Buchung: www.frs-hanseferry.de
Seit April 2017 gibt es fünfmal täglich eine direkte Schiffsverbindung von Blankenese zu den Landungsbrücken (Brücke 8/9). Erste Fahrt ab Blankenese 11.10 Uhr, letzte Fahrt 19.20 Uhr.
Achtung: kein HVV-Tarif. Eine Rundfahrt Blankenese – St. Pauli-Landungsbrücken und zurück kostet 18 €, das einfache Ticket 10,80 €.
Der Fahrradanhänger mit Kind ist gratis, ohne kostet er 4,80 €.
Service-Telefon in Flensburg: T. 0461 864608

Bullerbü auf Hanseatisch

Das Blankeneser Treppenviertel

es gibt Menschen vielerorts
für die Garagen und Carports
beim Häuserkauf den Ausschlag geben
doch kann man durchaus anders leben
Stellplätze direkt vor der Tür
die findet man nur selten hier
im Treppenviertel, wo wir leben
auch sind die Wege hier nicht eben
die Häuser schief, zum Teil sehr alt,
die Winter lang und manchmal kalt
so fragt mich manch ein Treppengast
ist dieses Leben keine Last?
nein, ruf ich dann, ich find es herrlich
und insgesamt nicht zu beschwerlich
denn allzu gern nehm' ich in Kauf
dass ich bergab und auch bergauf
mich Tag für Tag zu Fuß bewege
entlang der kleinen Treppenwege
denn jeder Winkel hier hat Charme
und scheint die Sonne, wird's schnell warm
dann strahlt der Hang in weißem Licht
doch was am meisten hier besticht
ist, dass – egal, wohin ich gehe
ich unter mir die Elbe sehe

Diesem Gedicht meiner Freundin Amelie Fechner ist nichts hinzuzufügen, keine einzige Stufe, um im Treppenbild zu bleiben, und kein Tröpfchen Elbwasser. Lieblingswege? Gibt es so viele, wie es Treppen und Gänge gibt. Um die 5000 Stufen sollen es sein – ich war zu faul, sie selbst zu zählen –, geteilt durch geschätzte 93 Treppen. Die halten fit, sorgen bei Ungeübten für Muskelkater, und auch nach 25 Jahren vor Ort entdecke ich bei jedem Besuch des verwinkelten Labyrinths am Hang neue. Beziehungsweise alte, die ich bloß noch nie beschritten habe. Sie tragen Namen wie „Rutsch", „Grube", „Krumdal", „Am Abhang", und schon beim Studieren der Straßenschilder zieht es einen gefühlt bergab. Eng aneinander kuscheln sich die Häuser und Häuschen dazwischen. Wirklich auskennen tun sich wohl nur die Alteingesessenen; Familien, nach deren Vorfahren die eine oder andere Treppe oder wenigstens einer der schmalen kopfsteingepflasterten Wege benannt ist.
Breckwoldt heißen die echten Treppenviertler, Stehr, Schuldt oder von Appen, und keinesfalls sind sie zu verwechseln mit dem sogenannten Treppenadel. Das sind die Zugezogenen – ohne familiäre Wurzeln im Hanggebiet, doch mit dem entsprechenden Kleingeld gesegnet, um sich heutzutage eine Immobilie im hanseatischen Bullerbü leisten zu können. Wer hier so wohnt? Der eine oder andere Reeder, Bänker oder Verlagsmensch ist dabei, doch hauptsächlich hat sich hier der Mittelstand häuslich niedergelassen: Architekten, Anwälte, Ärzte, Apotheker. „Für den Elbblick muss man gleich eine Million drauflegen", war früher aus dem Maklergewerbe zu hören. Damals noch

D-Mark; heutzutage gilt der Betrag in Euro, wenn es denn reicht.

Aber dickes Konto hin oder her, wer keinen eingeborenen Großvater hat, wird nie echter Blankeneser werden, meinen manche, und „alles, was nicht mindestens elf Jahre ansässig ist, rechnet ohnehin zum Fremdenverkehr". Wer hat das noch gesagt? Der Hamburger Schriftsteller und politische Publizist Hans Henny Jahnn? Er hätte es wissen müssen, lebte er doch von 1950 bis zu seinem Tod 1959 im Kavalierhaus des Hirschparks, dem heutigen Restaurant „Witthüs". Allein, er war's nicht. Das Bonmot stammt von einem anderen Hans. Nein, auch nicht vom Blonden mit dem wässrig blauen, seiner Kurzsichtigkeit geschuldeten Blick – Albers lebte ein Dorf weiter draußen, in Rissen. Das mit dem Fremdenverkehr hat Hans Leip verbrochen, nach 1948 ein paar Jahre lang Treppenviertelbewohner und Dichter-Vater der unvergessenen „Lili Marleen", die nun schon seit über hundert Jahren unter der Laterne steht.

Nach Leips Kalkulation gehöre ich nicht mehr zum Fremdenverkehr. Immerhin. Einen Lieblingsspaziergang durchs Treppenviertel habe ich daher natürlich doch. Wer bei uns privat ein Bett möchte, wird den Hang hinunter „Op'n Bulln" gelotst. Trittsicherheit hilft, und zwar rauf wie runter, denn vorm Abhängen auf diesem Schwimmponton mit Fähranleger liegt eine Route, die nicht zu unterschätzen ist. Von wegen, Hamburg hat keine Berge.

Der Einstieg in den „Höhenwanderweg" knapp 70 Meter über dem Meeresspiegel erfolgt vom S-Bahnhof kommend kurz hinter dem Blankeneser Marktplatz. Über eine Art seitlichen Wurmfortsatz der Blankeneser Bahnhofstraße (Nr. 28–30 mit eigenem Wegweiser!) geht es dort rechts buchstäblich in die Büsche, quer durch den Hessepark, der bei Schnee von den Blankeneser Kindern gern zum Rodeln genutzt wird. Sobald man den Park an seinem westlichen Ausgang verlässt, steht man mit einem Bein im Treppenviertel. Nach 95 Stufen ist die asphaltierte Talsohle des ansonsten klinker-, platten- oder kopfsteingepflasterten Hangviertels erreicht. Fast. Man quert die Blankeneser Hauptstraße (klingt nach Boulevard, ist aber schmal, bucklig, kurvig und nur in einer Richtung zu befahren), um jenseits davon weitere 112 Stufen weiter unten zum zweiten Mal auf die Hauptstraße zu treffen. Auf der anderen Seite erklimmt man sofort die nächsten Stufen. Nach einem Linksschwenk geht es die Elbterrasse hinauf Richtung Fischerhaus, einem historischen Reetdachhaus mit den traditionellen zweiteiligen „Klöntüren“ und herrlichem Elbblick, das als Begegnungsstätte, Museum und Ort für Lesungen und Konzerte genutzt wird. Linker Hand gegenüber steht im lichten Schatten eines hohen Ahorns und einer Linde mein Lieblingshaus, sozusagen als letztes Gebäude vorm Elbblick. Weiß verputzt, efeuumwuchert und mit einem handtuchgroßen Rasengarten gen Elbe, auf dem gerade mal zwei Deckchairs Platz finden. Aber was will man auch mehr?

Kaum mag man den Blick wenden von den hängenden Gärten mit Elbpanorama, um dem Klinkerweg bis zur nächsten langen Treppe hangabwärts zu folgen. Anhand der Fugen zwischen den Klinkern wird deutlich, dass der Hang durchaus in Bewegung ist, daher die Sorge der Anwohner vor einer weiteren

Elbvertiefung. Ich bin immer ein wenig erleichtert, wenn ich diese Stelle passiert habe, ohne zusammen mit ihr in die Elbe zu rutschen. Am Strandweg angekommen, stapft man durch den Sand zur Waterkant, wendet sich nach links und landet nach kaum fünf Minuten direkt an der Gangway zum Bulln mit seinem schwimmendem Kiosk, der Kult ist im Dorf.

Doch wie gesagt, tausend Wege führen dorthin. Allen gemeinsam ist der Puppenstubencharme und im Sommer die Wärme, die sich zwischen den über- und nebeneinander gestapelten Grundstücken mit ihren weißen Mauern staut. Alles blüht ein bisschen früher als anderswo, selbst wenn nur ein paar Hundert Meter Luftlinie zwischen der mediterran anmutenden Idylle und dem Rest der Welt liegen. Während sich ein Stückchen weiter oben die Knospen noch in ihre Pelzmäntelchen hüllen, haben am Hang Magnolien und Polsterstauden bereits alle Hüllen fallen gelassen und recken ihre Köpfe der Sonne entgegen. Sogar einen Früchte tragenden Feigenbaum habe ich im Treppenviertel schon gesichtet. Und ein Geheimtipp zu jeder Jahreszeit ist immer wieder „Treppenviertel by night".

Schummeln kann man übrigens auch. Der 48er-Bus, liebevoll „Bergziege" getauft, fährt ab S-Bahnhof Blankenese tagaus, tagein über die schönste Busstrecke Hamburgs an den Elbstrand und hält direkt vorm Restaurant „Zum Bäcker". 1733 als Fischerkrug eröffnet, ist es die älteste Gastwirtschaft Blankeneses. Seit Eigentümer Manne Brüchmann und seine Frau Birgit es von 2010 an wieder selbst betreiben, brummt der Laden, und das ist kein Wunder. Leckere Küche, super Aussicht und eigene

Lindenterrasse. Dass der deutsche Impressionist Max Liebermann die nicht gemalt hat, tut ihrem Flair keinen Abbruch. Mit dem Auto nach unten zu fahren sollte man allerdings bestenfalls im Smart versuchen und auch nur wochentags. Von April bis September ist am Wochenende die PKW-Einfahrt in die Blankeneser Hauptstraße von oben nur den Anliegern gestattet. Von unten geht gar nix. Einbahnstraße, wie gesagt. Für einen Besuch beim winzigen „Treppenkrämer" kein Problem. Blankeneses lässigster Tante-Emma-Laden mit Café und Bistro ist ohnehin nur zu Fuß zu erreichen.

P.S.:
Das Treppenviertelgedicht von Amelie Fechner und mehr aus ihrer Feder gibt's in Kartenform bei Credenza zu kaufen, der Papeterie in der Blankeneser Hauptstraße 153, kurz hinterm ersten Treppenabgang Richtung Elbufer. Das ist fast noch oben im Dorf. Und „Das pralle Leben" sowie „Licht und Schatten", zwei Bücher mit Amelies wunderbaren Werken, sind im Ellert & Richter Verlag erschienen. Die Buchhandlung Kortes im Blankeneser Zipfel der Elbchaussee (Nr. 577) und die anderen Buchhandlungen vor Ort haben bestimmt ein paar Exemplare vorrätig.

„Einstieg" ins Treppenviertel beim S-Bahnhof Blankenese und ab da immer stramm gen Süden.

Fischerhaus | *Museum und Begegnungsstätte*
Elbterrasse 6, 22587 Hamburg
www.blankenese.de/das-fischerhaus-museum.html
Vom hinreißenden Garten aus hat man einen der schönsten Elbblicke überhaupt. Vor über 330 Jahren als Wohnhaus für mehrere Familien erbaut, gilt das Fachwerkgebäude unter Reet als ältestes Fischerhaus im Treppenviertel und ist heute Museum, Begegnungsstätte und ein zauberhafter Ort für Lesungen. Ab Sommer 2017 wird saniert, dann bleibt die Klöntür für zwei Jahre geschlossen.

Zum Bäcker | *Restaurant*
Strandweg 65, 22587 Hamburg, T. 040 864800
www. zum-baecker-blankenese.de
Das Restaurant liegt in der ersten Reihe an der Elbe und auf der Terrasse speist man lecker unter Linden.

Treppenkrämer | *Café/Bistro*
Hans-Lange-Straße 23, 22587 Hamburg, T. 040 86628481
www.treppenkraemer.de
Der Weg zum verstecktesten Café/Bistro Blankeneses führt über viele Stufen. Achtung: nur von Freitag bis Sonntag geöffnet.

Buslinie 48 („Bergziege")
www.hvv.de

Ein unsichtbares Denkmal mit dem schönsten Blick über den Strom

Am Bismarckstein und im Römischen Garten

Sage und schreibe 20 Jahre habe ich gebraucht, um den Weg dorthin zu finden, und das, obwohl ich um die Ecke wohne. Außenrum: War ich schon. Unten vorbei: hundert Mal gegangen. Nordwestlich davon Schinckels Wiese hochgekämpft oder den berüchtigten Waseberg, bei über zehn Prozent Steigung die Via Dolorosa der Hamburg Cyclassics: abgehakt. Aber oben gestanden auf dem Bismarckstein – mit 88,4 Metern über Normalnull dritthöchste Erhebung Hamburgs – und den traumhaften Blick gen Westen bewundert? Mir war gar nicht klar gewesen, dass es da einen gibt. Umso größer die Überraschung und natürlich die Frage, warum erst jetzt?

Über bewaldete Abhänge, von der letzten Eiszeit geformt, schaut man über die Elbstrände am Falkensteiner und Wittenbergener Ufer bis zu den Windrädern am Horizont auf der anderen Elbseite. Ehrfürchtig scheinen sie Spalier zu stehen für den gelassen im Wechsel der Gezeiten dahinfließenden Strom. Der Rissener Leuchtturm am derzeit stillgelegten Wittenbergener Anleger mutet von hier aus

betrachtet wie ein vor hundert Jahren am Strand vergessenes Blechspielzeug an.
Eingeweihte kommen abends. Die Zeitung unterm Arm oder einen Wein im Rucksack genießen sie auf den nach Südwesten ausgerichteten Holzbänken die Ruhe und friedliche Stimmung, während die untergehende Sonne die Elbe mit den Inseln Schweinesand, Neßsand, Hahnöfersand in rötlich-goldenes Licht taucht. Im Rücken, eingebettet in ein Halbrund aus zerzausten Eiben, erinnert ein Ehrenmal von 1935 an die Marine-Gefallenen des Ersten Weltkriegs. „Was auch die See verschlang, die Zeit verschlang das Weh. Ewig bleibt die See“, ist auf der in einen großen Felsstein eingelassenen oxidierten Kupfertafel zu lesen. Ein Schauder will einem über den Rücken kriechen bei diesen Worten des Hamburger Dichters Hans Leip, ebenso wie bei den melancholischen Zeilen seiner weltberühmten „Lili Marleen“.
Knapp 200 Meter hinter dem Ehrenmal, auf dem höchsten Punkt des Hügels, umrundet man einen Turm aus rotem Backstein, der den Spaziergänger über seinen Zweck im Unklaren lässt. Keine Inschrift, kein Hinweis, und auch der wind- und wettergeschliffene Graffito„schmuck“ um seinen Bauch, der wohl von ortsansässigen „Kalligrafen“ stammt, verrät nichts über seine einstige Verwendung. Ich musste es nachlesen: Es handelt sich um einen ehemaligen Aussichtsturm, der heute nicht mehr zu erklimmen ist. Aha. Und wo bitte steckt nun Otto Fürst von Bismarck?
Seinen Namensgeber sucht man am Bismarckstein vergeblich. Nicht, dass man ihn an diesem Ort wirklich vermissen würde, doch es verwundert schon,

dass weit und breit weder ein Denkmal noch wenigstens eine kleine Reiterstatue zu sehen ist, nicht mal ein entsprechender Stein. Der oben spitz zulaufende Findling, auf den man beim Aufstieg von der Ostseite her stößt, wo sich Richard-Dehmel-Straße, Waseberg und die Straße Am Eiland treffen, ist nicht etwa Bismarck gewidmet, sondern dem ehemaligen Ortsvorsteher Alt-Blankeneses, Johannes Heinrich Sibbert, der sich vor über hundert Jahren sehr um den Erwerb des gesamten Areals sowie von Goßlers Park, Hesse- und Hirschpark für Blankenese verdient gemacht hat. Beim Anblick des Sibbert'schen Hinkelsteins gerät man allerdings ins Grübeln und hält unweigerlich nach Obelix Ausschau.

Für den Gründer und ersten Kanzler des Deutschen Reiches, Otto von Bismarck, wäre der Stein von seiner Dimension her definitiv unangemessen gewesen. Ein Bronzepferd hätte auch nicht darauf gepasst, höchstens ein ganz kleines. Woher dann aber der Name Bismarckstein für die „Gipfelregion" des Wasebergs?

Er ist von einem Denkmal übrig geblieben, das nie realisiert wurde. Geplant war eines, und zwar ein durchaus ambitioniertes, um nicht zu sagen größenwahnsinniges. Der Kaufmann Anton Julius Richter, von 1890 bis 1910 Eigner des Grundstücks, Mitbegründer der Hamburger Holsten-Brauerei und ein enthusiastischer Anhänger des „Eisernen Kanzlers", träumte davon, seinem Idol zu huldigen, und zwar in Form eines kolossalen Standbilds, das auf einem trutzigen Sockel ruhend über die Elbe blicken sollte, dort wo sich der heute nicht mehr begehbare Aussichtsturm befindet. Richter sammelte Geld, um sein Vorhaben umsetzen zu können. Doch

Denkmäler für Bismarck waren nach dessen Tod deutschlandweit en vogue, und die Stadt Hamburg war schneller als der Privatmann im damals noch preußischen Schleswig-Holstein und Blankenese. Obwohl das Verhältnis der Hamburger zu Bismarck ein eher zwiespältiges war, haben sie ihm das größte Bismarck-Denkmal aller Zeiten errichtet (siehe Seite 37 und 42). Allein der Schädel mit dem charakteristischen Walross-Schnauzer misst mannshohe 1,83 Meter, etwa dreimal so viel wie Bürgermeister Sibberts kompletter Stein. Den strengen Blick nach St. Pauli gerichtet, steht die Statue seit 1906 steif in Roland-Manier und turmhoch überm Stintfang an den Landungsbrücken statt auf dem Bismarckstein. Zum Glück, möchte man sagen, denn Größenwahn wäre gänzlich fehl am Platz an diesem beschaulichen Ort.

Will man den Bismarckstein ohne Bismarck nicht auf dem gleichen Weg verlassen, den man gekommen ist, bietet sich ein Abstecher über den Römischen Garten an. An der Westseite des Hügels, ein wenig unterhalb der Aussichtsbänke, gelangt man über einen Treppenweg ins Falkental hinab. Hält man sich rechts und quert in der Talsohle den asphaltierten Falkentaler Weg, trifft man ziemlich genau gegenüber auf den östlichen Einstieg zum Römischen Garten. Inzwischen gibt es auch wieder einen Wegweiser. Nicht selten sah man Besuchswillige ratlos umherwandern, während sich die Anwohner klammheimlich darüber freuen durften, dass sie und ihre Hunde dieses Kleinod der Gartenkunst für sich hatten.

Eine kurze Treppe am Polterberg führt zu einem höher gelegenen Weg, der links um die Bergflanke herum in einer hölzernen Brücke mündet. Am Fuß der Brücke liegt hinter großen Zypressen versteckt auf einer sonnigen Terrasse der Römische Garten. Seine breite Heckengirlande aus dichter Thuja rahmt den Blick über den Fluss gleich einem romantisch geschwungenen Spitzenkragen aus einer anderen Zeit. Die Römischen Terrassen hat 1880–1890 ebenfalls Julius Anton Richter anlegen lassen, der offensichtlich nicht nur Bismarck-, sondern auch Italien-Fan war. Ab 1897 gehörte das Gelände zum oberhalb am Kösterberg gelegenen Anwesen der jüdischen Bankiersdynastie Warburg. Max Warburg und seine Frau Alice ließen es von einer Gartenkünstlerin mit Treppenanlagen, Trockenmauern und Rosengarten weiter ausgestalten und nutzten die Anlage für glanzvolle Soiréen und Tanzveranstaltungen. Nachdem die Familie unter Hitlers Herrschaft 1938 zur Emigration gezwungen gewesen war, wurde der Römische Garten 1954 von Eric M. Warburg, dem Sohn von Max, nach seiner Rückkehr aus den Vereinigten Staaten großzügig der Stadt Hamburg zum Geschenk gemacht. Im grasbewachsenen und heckenumsäumten Amphitheater an seinem westlichen Ende hatten er und seine Geschwister als Kinder Theater gespielt. Das wollte ich mit meinen Kindern bei einem Picknick mit Verkleidekiste immer wiederholen, doch irgendwie haben wir's nie geschafft.

Was wir geschafft haben, das ist ein Picknick auf dem Süllberg, 74,4 Meter üNN (für Landratten: über Normalnull). Einen Hügel weiter Richtung Stadt gelegen, bietet er sozusagen die zweitschönste öffentliche Aussicht über die Elbe. Bis in die 1990er-Jahre hinein gekrönt von einem weit über die Stadtgrenzen hinaus bekannten Ausflugslokal mit dem Charme der vorvorigen Jahrhundertwende, ist er mittlerweile zum Hotel-Restaurant-Biergarten mit Aussichtsturm mutiert; einschließlich Sterne-Koch vom Berliner Hotel Adlon. Höchst umstritten im Dorf – so nennen die Blankeneser ihren Stadtteil – lief eine Bürgerinitiative seinerzeit Sturm gegen die Pläne des Investors, angeführt von Monika Lühmann, ehemalige Betreiberin der legendären englischen Teestube „Lühmanns“, doch der Umbau mit vorausgehender Versteigerung des alten Süllbergterrassen- Inventars war nicht zu verhindern. Heute finden dort Abi-Bälle statt, Oktoberfeste und Silvesterpartys. Und die eine oder andere kostspielige Fußballer-Hochzeit – samt rotem Teppich statt Roter Karte. Zum Glück kann man sich auch ohne Partyfummel zeigen. Bermuda, Flipflops, T-Shirt genügen im Sommer völlig. Dazu Schweinshaxe und ein kühles Blondes, wahlweise Brezel plus kühle Blonde, fertig ist der laue Abend mit Hamburger Höhenluft.

„Einstieg“ zum Bismarckstein am besten bei der Haltestelle Waseberg, Buslinie 48 („Bergziege“)

Römischer Garten | *Park*
Falkensteiner Ufer 26, 22587 Hamburg
Wunderschöne Gartenanlage mit Amphitheater und Elbblick mit italienischem Flair.

Hotel-Restaurant Süllberg
Süllbergsterrasse 12, 22587 Hamburg, T. 040 8668520
www.karlheinzhauser.de
Biergarten oder Sterne-Küche? Hier geht beides. Den Traum-Ausblick über die Elbe bis zu den Harburger Bergen gibt's gratis dazu.

Schuldts Kaffeegarten
Süllbergsterrasse 30, 22587 Hamburg, T. 040 862411
www.kaffeegarten-schuldt.de
Blankeneser Traditionsgaststätte mit Traumblick plus Kaffeegenuss plus selbst gebackenem Kuchen plus moderaten Preisen. Immer noch ein Geheimtipp.

Lühmanns Teestube
Blankeneser Landstraße 29, 22587 Hamburg, T. 040 863442
www.luehmanns-teestube.de
Hat die größten Kuchenstücke im Dorf und die göttlichsten englischen Scones mit Clotted Cream außerhalb von England.

Von der Alten in die Neue Welt

Im Auswanderermuseum BallinStadt auf der Veddel

„Museum? Muss das sein? Wir haben Ferien!" Eben. Wir haben Zeit. Es ist Anfang März, wir fahren weder irgendwo Ski noch Wasserski, und das Wetter ist auch blöd. Nach der Devise „Ein bisschen Kultur darf's selbst in den Ferien sein" habe ich meine Töchter zum Besuch eines Museums genötigt, das ich schon länger auf dem Zettel hatte: das Auswanderermuseum BallinStadt. Dieses großartige Ensemble bietet seit 2007 europäische wie hamburgische Geschichte zum Anfassen und Nacherleben. Anschaulich, spannend und lehrreich auch und gerade für Kinder, die hier etwas begreifen können, ohne sich dadurch über Gebühr belästigt zu fühlen. Wenn sie erst einmal dort sind.

Dort, das ist die Elbinsel Veddel, fünf Minuten mit der S-Bahn von Hamburgs Innenstadt entfernt. Hier steht an historischem Ort die BallinStadt, benannt nach ihrem Begründer Albert Ballin, dem Generaldirektor der Hamburg-Amerikanischen Packetfahrt-Actien-Gesellschaft (HAPAG), der die Reederei zur größten Schifffahrtslinie der Welt machte. Fünf Millionen Menschen, bis zu 170 000 jährlich, verließen

zwischen 1850 und 1934 über Hamburg Europa für immer. In mehreren Auswanderungswellen flohen sie vor politischer und religiöser Verfolgung und Unterdrückung, Hunger und wirtschaftlichen Krisen aus der Alten Welt in die Neue; für die Stadt Hamburg ein interessanter Wirtschaftsfaktor und für die HAPAG ein bedeutendes Zusatzgeschäft. Die Wartezeit bis zur Abfahrt verbrachten die Auswanderer zunächst in notdürftigen Baracken am Amerika-Kai im Hafen, ab 1901 in den viel komfortableren Unterkünften mit eigenem Bahnanschluss auf der Veddel. Ballins neue Auswandererhallen vor den Toren der Stadt wurden zur Durchgangsstation auf der Suche nach einem besseren Leben. Im Jahr 1907 umfasste der Komplex 30 Gebäude, nicht nur Schlaf- und Wohnpavillons für bis zu 5000 Auswanderer, sondern auch Kirche, Synagoge und zwei Hotels. Dazu eine Quarantänestation, die nach dem verheerenden Cholera-Ausbruch von 1892 mit über 8500 Toten in der Stadt in erster Linie die Hamburger selbst vor Seuchen und Krankheiten schützen sollte.
In der BallinStadt kann man die mutigen Menschen, viele von ihnen aus Osteuropa, bei ihrem Aufbruch ins Ungewisse begleiten und dabei vielleicht ein wenig nachfühlen, wie ihnen zumute gewesen sein mag. Aus altmodischen Telefonhörern, die der Besucher sich ans Ohr halten darf, erklingen die Stimmen aus der Vergangenheit. Die ersten Auswanderer infolge der revolutionären Wirren in Deutschland 1848 berichten, warum sie ihr Land verlassen müssen. Männer, Frauen und Kinder aus verschiedenen Jahrzehnten schildern ihre Lebensumstände, ihre Sorgen und Ängste in der Alten Welt. Auch die Furcht vor der Neuen haben sie im

Gepäck, nicht zuletzt die Unsicherheit gegenüber einer Sprache, die sie nicht sprechen. Da stehen sie, im Wartesaal der Geschichte, in ihrer ärmlichen Kleidung, mit Rucksäcken, Körben und Säcken aus grobem Leinen für ihre Habseligkeiten, mit schweren Lederkoffern und oft zahlreichen Kindern an der Hand. Vor sich die riskante und beschwerliche Überfahrt über den Atlantischen Ozean in eine ihnen unbekannte Welt.

Das Museum mit seinen drei originalgetreu wiederhergestellten Gebäuden ist zweigeteilt. Teil eins liegt sozusagen in Europa und beschäftigt sich mit dem Thema Abreise und den dazugehörigen Formalitäten. Teil zwei ist der Ankunft im gelobten Land gewidmet. Der Weg nach Übersee ist voller alter Koffer – wo haben sie die bloß alle her? – und führt nicht nur am Arbeitszimmer von Albert Ballin mit einer Rekonstruktion seines Original-Schreibtischs und langen Passagierlisten vorbei, sondern ganz konkret übers Wasser. Ein großer Schiffsrumpf schwimmt in einem symbolischen Atlantik, die Alte Welt von der Neuen trennend und sie zugleich verbindend. Dieses „Schiff der Träume" lässt gegenwärtig werden, was die Auswanderer für immer zurückließen und welche Wünsche, Ziele, aber auch Ängste sie bei ihrem Neuanfang begleiteten. Gleichzeitig erscheint das Schiff als Sinnbild für die Dimension ihrer Entscheidung, die heute, im Zeitalter von transatlantischen Billigflügen, Whatsapp und Skype, kaum zu ermessen ist.

Bis zu acht Wochen dauerte zu Anfang die Überfahrt im engen Zwischendeck der Auswandererschiffe nach meist tagelangem Ausharren in Ballins Hallen. Bei der Ankunft im Hafen von New York grüßte von 1886 an zwar die Freiheitsstatue huldvoll mit ihrer Fackel, doch bevor es aufs Festland ging, hieß es erneut Schlange stehen. Ellis Island, die Einwanderer-Station in der Mündung des Hudson, bildete das administrative Nadelöhr zur neuen Heimat: Passkontrolle, Registration Office, Zittern vor der Gesundheitsüberprüfung; wer die nicht bestand, wurde auf Kosten der Reederei zurückgeschickt in die Alte Welt. Während der Nazizeit in Deutschland kam das überlebenswichtige Affidavit hinzu, die papierne Bürgschaft eines US-Bürgers als Garantie dafür, dass der Neuankömmling den Vereinigten Staaten von Amerika finanziell nicht zur Last fallen würde.

Gegen Ende der Ausstellung trifft man die Menschen wieder, die vor der Abreise ihr Schicksal in Deutschland geschildert hatten. Sie erzählen, wie es ihnen in Amerika ergangen ist und ob sich ihre Hoffnungen erfüllt haben. Im Großen und Ganzen: ja. Einigen von ihnen ist es sogar gelungen, ein Vermögen zu machen. Dafür stehen Unternehmen wie Heinz (Tomato Ketchup), Budweiser (Bier), Kraft (Käse und andere Lebensmittel) und Levi Strauss, der seine unverwüstlichen Jeans mit den Nieten an den Hosentaschen ursprünglich für den Bedarf der Goldgräber entwickelte.

Ein paar Stunden Zeit sollte man sich zum Auswandern light schon nehmen und sich glücklich schätzen, nicht selbst sein Land verlassen zu müssen. Zumal Migration heute wieder ein sehr reales Thema ist. Knapp 800 000 Menschen verließen im Jahr 2013 Deutschland. Gleichzeitig begehren, bedingt durch internationale Krisen und Bürgerkriege, Millionen Einlass nach Europa.

Die Auswandererwelt BallinStadt ist ebenso multimedial wie interaktiv gestaltet, ein Mitmach-Museum. Wer möchte, darf jede Menge Knöpfe drücken, sich einen Pass ausstellen lassen oder Einwandererstempel abholen. Auch kostenlose Ahnenforschung ist möglich. Durch das Projekt „Link to Your Roots", in dem die Hamburger Passagierlisten mit ihren fünf Millionen Einträgen digitalisiert wurden, ist das Museum weltweit vernetzt mit der Ancestry-Datenbank. Deutschlandreisende aus den USA können hier erfahren, aus welchem schwäbischen oder westfälischen Nest sich einst Urahn Harry oder Greatgreatgrandma Sally per Pferdefuhrwerk oder zu Fuß aufmachte in die große weite Welt. Die BallinStadt erweitert außerdem ihre Ausstellung um den Bereich Einwanderung, der dann auf gleichermaßen spannende Art wie das Thema Auswanderung präsentiert werden wird. Heute gelangt man in die BallinStadt nicht nur via S-Bahn, sondern auch auf dem Seeweg: mit den Barkassen der Maritime Circle Line, ab Landungsbrücke 10.

BallinStadt | *Museum*
Veddeler Bogen 2, 20539 Hamburg, T. 040 31979160
www.ballinstadt.de
Im Auswanderermuseum lässt sich ein Blick werfen in die Migrationsgeschichte Nordosteuropas. Wer möchte, forscht nach seinen reisewütigen Vorfahren, wobei es sich seinerzeit eher selten um Lustreisen handelte.

Maritime Circle Line | *Barkassen-Linie*
Barkassenfahrten ab St. Pauli-Landungsbrücken, Brücke 10
www. maritime-circle-line.de
Auf dem Wasserweg zur BallinStadt? Womöglich ein winziger Vorgeschmack aufs Auswandererdasein.

Scotland Jard Brot und Brötchen | *Frühstückscafé*
Veddeler Brückenstraße 162, 20539 Hamburg, T. 0163 3510784
Dank Besitzerin Audrey Pale Hendry (mit Zöpfen und Baskenmütze eine extravagante Erscheinung) hat hier alles einen britischen Touch, inklusive des Humors. Eine schöne Frühstücks-Location (tgl. 4–14.30 Uhr).

Vom Aschenputtel zur Elbprinzessin?

Wilhelmsburg und Harburg auf dem Weg zu neuen Ufern

Malerisch im Wasser dümpelnde Hausboote, umgeben von tief hängenden Weidenzweigen. Treidelpfade im Ufergrün. Schräge Do-it-yourself-Pontons mit gerade so wenig Schlagseite, dass der Wein auf dem improvisierten Beistelltisch nicht überschwappt. Dazu Lichterflirren im Wasser wie von Monet. Woher stammten diese Bilder? Vom Traumpfad aller Freizeitkapitäne, dem berühmten Canal du Midi im Südwesten Frankreichs? Weit gefehlt: Die Flussidylle liegt im Hamburger Süden, in Wilhelmsburg. Wieso kannte ich Hamburgs flächenmäßig größten Stadtteil nur dem Namen nach und benötigte zwei Jahrzehnte, bis ich im Rahmen einer Lesung erstmals hinfuhr? Weil er zu weit draußen liegt? Unsinn. So gesehen ist Blankenese ebenfalls jotwede. Mehr als doppelt so jotwede, um genau zu sein. Nein, der Grund liegt natürlich darin, dass Wilhelmsburg keiner der klassischen Sightseeing-Orte ist. Im Gegenteil. Geradezu berüchtigt war er in den 1990er-Jahren für seine Schmuddelecken, seine Armut, Kriminalität und den hohen Migrantenanteil der Bevölkerung. Fast eine No-go-Area wie früher die New Yorker Bronx. Seit Hamburg sich als wachsende Stadt sieht, soll sich all das nun ändern – wie in der Bronx.

Höchste Zeit also, die Lücke in meinem inneren Stadtplan zu schließen: mit dem Rad auf der Veloroute 11. Im Jahr 2011 als „Alltagsroute" neu eingerichtet, klingt sie zwar eher nüchtern, ist aber für sich allein schon die „Reise" wert. Alltäglich ist sie nämlich ganz und gar nicht. Eher „unter Tage", denn sie startet im Alten Elbtunnel an den Landungsbrücken. Erblickt man auf der anderen Seite in Steinwerder wieder das Licht der Welt, so findet man sich inmitten von Industrieanlagen, Schienenwegen, Containergebirgen und Riesenlastern, froh, die Fahrbahn nicht mit Letzteren teilen zu müssen. Auf der gut ausgeschilderten Route geht es 3,6 Kilometer an Kanälen und Deichen entlang, über Brücken mit eigener Fahrradtrasse und an der Ernst-August-Schleuse vorbei, wo bis 2012 das Freihafengebiet begann – oder endete, je nachdem. Seit der hohe Zaun, der den Weg zum Wasser versperrte, Geschichte ist, kann man auch wieder auf den Deichen spazieren. So wie die Schafherde, die mich im toten Winkel zwischen zwei LKW-Schlangen friedlich grasend überrascht. Die hätte ich hier wirklich nicht erwartet.

Ein Stückchen weiter strande ich zum ersten Mal. Wo bitte geht's zum Wilhelmsburger Reiherstiegviertel? Ich erklimme die Deichkrone, doch das hilft auch nicht weiter. Die zahnlos lächelnde Migrantin, die ich frage, versteht mich leider nicht und legt mir bedauernd die Hand auf den Arm. Na gut, dann biege ich jetzt einfach mal Richtung Häuser ab. Fährstraße. Volltreffer. Ich bin genau da, wo ich hinwollte: Leicht schrabbelige Gründerzeithäuser mit zerzausten Vorgärtchen rahmen das Pflaster, kleine Bachläufe und Teiche schlängeln sich drunter und drüber, viel Grün sorgt für lichten Schatten und, schwupp, bin ich schon wieder vom Weg abgekommen.

Gelockt hat mich gleich rechts um die Ecke die „Honigfabrik", ein speicherartiger roter Backsteinbau von 1906, in dem einst Margarine hergestellt und Honig vertrieben wurden, bevor er zum Kulturzentrum mit Künstlerateliers wurde. Dort vorm „Café Pause" treffe ich Hendrik, der – „Was ist denn das für eine altertümliche Landkarte, die Sie da haben?" – für Orientierung sorgt und alles über die Geschichte von Deutschlands größter bewohnter Flussinsel zu wissen scheint. Einschließlich der komplizierten dynastischen Verhältnisse ihres Namensgebers Herzog Georg Wilhelm zu Braunschweig-Lüneburg, der womöglich nie selbst hier war, der Insel aber ihren beziehungsweise seinen Namen verpasst hat. Die alteingesessenen Wilhelmsburger der Gegenwart bringt Hendrik mir ebenfalls näher. Ein Völkchen für sich ist das offenbar und ziemlich autark. „Aufs Festland" fahren sie, wenn sie ihre Insel verlassen. Oder eben „nach Hamburg", auf das sie ganz gut auch komplett verzichten könnten.

Es passiert gerade viel in Wilhelmsburg, auch jenseits von Internationaler Bauausstellung oder Internationaler Gartenschau 2013, die nicht nur den neuen Inselpark hinterlassen haben, sondern ebenso die reichlich bunt gestreifte Behörde für Umwelt und Energie. Fast 50 000 Menschen aus 40 Nationen leben hier. „Die Bevölkerungsstruktur verändert sich", sagt Hendrik, und das sei durchaus so gewünscht. Der Stadtteil, wegen der Nähe zum Hafen traditionell ein Arbeiterviertel, ziehe mehr junge Leute an, viele Studenten, die sich die Mieten am Grindel, in der Schanze oder in Ottensen nicht mehr leisten könnten, und Künstler, die hier noch günstig Atelierraum fänden.

Ihr Freizeitparadies haben sie hier auch bereits gefunden, an einem Ort, der zur längsten Parkbank Hamburgs werden soll: Der zwei Kilometer lange Klütjenfelder Hauptdeich entlang der Harburger Chaussee ist ein Ort mit besten Aussichten. Seit der „Eiserne Vorhang“ weg ist, wie die Veddeler und die Wilhelmsburger den Zollzaun zu nennen pflegten, nutzen viele junge Leute den Deich als grünen Boulevard zum Sonnenbaden, Grillen und Chillen. Mitunter auch als Home-Office. Manch angehender Maschinenbauer oder Elektrotechniker schätzt nicht nur den maritimen Ausblick über den Spreehafen, sondern springt gleich selbst in die Fluten des seeartigen Hafenbeckens, das bereits als „Alster des Südens“ gehandelt wird. Urige Hausboote lassen sich hier bestaunen und die sogenannten Lieger. Dabei handelt es sich nicht etwa um die der Welt entrückten Kommilitonen drei Picknickdecken weiter, sondern um ehemalige schwimmende Werkstätten, Kontor- oder Mannschaftsräume ohne eigenen Antrieb. Um die hundert Jahre sind die meisten alt und teils in traurigem Zustand. Von innen allerdings wartet die eine oder andere schwimmende Bude mit überraschenden Wohnqualitäten auf – eigentlich ein Geheimnis, denn Wohnen ist in Hafengebieten nicht erlaubt, sondern allenfalls geduldet.

Apropos Wohnen: Die Immobilienmakler waren natürlich längst da, um zu gucken, was zu holen beziehungsweise stadt-zu-entwickeln ist. Alles wie gehabt also: Gentrifizierung Phase eins. Die Migranten und ihre Familien leben seit Jahrzehnten hier, bis zu 70 Prozent in einigen Straßenzügen. Jetzt kommen die Jungen, die Künstler. Wilhelmsburg hat seinen Ruf als Schmuddelkind der Stadt zu verlieren, doch nicht allen gefällt die Aufwertung ihres Viertels. Irgendwann wird's szenig, und das Viertel erneuert sich, bis nichts vom alten Charme übrig ist. Vom günstigen Wohnraum sowieso nicht.

So weit aber ist es noch lange nicht in Wilhelmsburg. Die charmanteste Ecke liegt nur ein paar Meter entfernt, wo ein schmaler Weg am Veringkanal entlangführt, der pittoresken Rückseite der Honigfabrik. Da sind sie, die Wohnboote, die schrägen Pontons, die „Kaffeeliebe" mit Omas Sofa & Co. und das „Café Turtur" nach dem gleichnamigen Scheinriesen aus „Jim Knopf und Lukas der Lokomotivführer". Weiter müsste ich eigentlich gar nicht fahren. Überall am Wasser laden hölzerne Bänke ein zur Kontemplation, s-förmig geschwungen wie ihre französischen Vorbilder. Die eine oder andere Angelrute hängt über die Reling des Bohlenwegs am Wasser, und gleich um die Ecke, im „Interkulturellen Garten", gedeiht Multikulti-Gemüse, gehegt und gepflegt von der kurdischen Omi im Verein mit der türkischen Mama, dem indischen Papa und ihren Kindern. Sie alle sollen dem Beispiel des jungen Gemüses folgen und hier ebenfalls Wurzeln schlagen.

Im Prinzip hatte der Senat den Stadtteil bereits aufgegeben. Bei der großen Flut 1962 hatte es nach zwei Deichbrüchen Wilhelmsburg besonders hart getroffen. Allein dort kamen 207 Menschen in den eisigen Februarfluten um, die über Nacht in das tief gelegene Gebiet hereinbrachen. Zahlreiche Häuser wurden zerstört und später abgerissen, ganze Ortsteile fielen an den Hafen, und der Rest wurde dem Verfall anheimgegeben. Wer konnte, zog fort. Auf der Suche nach bezahlbarem Wohnraum rückten „Gastarbeiter" nach. Erst seit im Zuge der deutschen Wiedervereinigung Hamburg für viele Menschen aus Ostdeutschland attraktiv wurde, sieht der Senat die Notwendigkeit, den „Sprung über die Elbe" zu wagen und so neue Flächen zu erschließen. Das lange vernachlässigte Wilhelmsburg wurde buchstäblich aus der Versenkung geholt und soll nun fein herausgeputzt werden. Vom Aschenputtel zur Elbprinzessin? Noch ist nicht raus, ob das funktionieren wird.

Eigentlich, findet Hendrik, gebe es nichts, was man unbedingt gesehen haben müsse. Dieses Nichts aber kann man sich wunderbar von oben anschauen. Nach dem Motto „Beton trifft Himmel" blickt man vom Wilhelmsburger Energiebunker über die gesamte Insel. 1943 von Zwangsarbeitern in Rekordzeit erbaut, steht der ehemalige Flakbunker dem Trumm von St. Pauli in nichts nach. Im Inneren sechs Jahrzehnte lang eine Ruine, von außen Wildwuchs, wurde er im Rahmen der Internationalen Bauausstellung 2013 saniert und zum regenerativen Kraftwerk umgenutzt. Einen Platz mit Aussicht auf dem Bunkerdach hat sich das „Café Vju" erobert, von dessen 360°-Terrasse man Hamburg aus 30 Metern Höhe und ganz neuer Perspektive sieht. Von der Westsonne beleuchtet, bietet sich ein beeindruckendes Panorama der Kirchen, Hotelbauten und Containerbrücken. Skyline seitenverkehrt sozusagen, denn sonst sehe ich sie meistens aus der Gegenrichtung. Mittendrin glitzert und funkelt die Elbphilharmo-

nie mal wirklich brillantengleich, wie versprochen. Das Restaurant „Soul Kitchen“ aus Fatih Akins gleichnamigem Film dagegen hat seinen Kino-Glanz verloren und sich wieder in sich selbst zurückgezogen. Ein bisschen trostlos und verlassen liegt es in der Industriestraße hinter hohen Zäunen. Sperrgebiet statt Stadtteilzentrum. Noch jedenfalls.
Die Veloroute 11 nach Harburg führt nun überwiegend durchs Grüne, natürlich auch durch den noch ein wenig steril wirkenden Inselpark mit seinen kleinen Seen und Cafés, den Sport- und Schreberanlagen. Aber die Natur wird es schon richten.
Seit Jahrhunderten gewachsen ist dagegen das ländliche Wilhelmsburg mit seinen Feldern, Wiesen und Weiden und der Windmühle Johanna. Wer das auslässt, war nicht wirklich da. An Obst- und Gemüseanbaugebieten, Gewächshäusern und den bäuerlichen Anwesen der Marschlande vorbei führt der Weg zur Bunthäuser Spitze mit Hamburgs kleinstem Leuchtturm. Norder- und Süderelbe trennen sich hier für 15 Kilometer, um der Insel Wilhelmsburg Platz zu machen. Und erst der Leitdamm, einst angelegt, um mehr Wasser in die Norderelbe und den Hafen zu leiten, verleiht der Insel ihre charakteristische Kaulquappen-Silhouette. Sein sechseckiges grünes Holztürmchen misst zwar nur 6,95 Meter in der Höhe, aber dafür steht auch nichts im Weg – außer dem 50 Meter breiten Schilfgürtel, der keinen Quadratzentimeter Elbsand freigibt. Schade eigentlich. Auf ein bisschen Strand hatte ich hier in Hamburgs Süden schon gehofft.

Strand finde ich auch in Harburg nicht. Über die Alte Harburger Elbbrücke, die mein Rad und ich ganz für uns allein haben, geht es weiter auf der Veloroute 11 über die Süderelbe nach Harburg. „Schlossinsel“ heißt es allerorten auf den neuen Wegweisern für Radler. Klingt vielversprechend und hätte ich hier gar nicht erwartet. Ist auch zu viel versprochen, wie sich herausstellt. Insel stimmt noch, das Ex-Schloss derer zu Braunschweig-Lüneburg jedoch wurde Anfang der 1970er-Jahre zum Großteil abgerissen. Was übrig blieb, tarnt sich so demokratisch wie effektiv als Arbeiterwohnbau, sodass man es erstens nur mit Mühe aufspürt und zweitens eine ordentliche Schlossruine vorgezogen hätte. Ruinen in Schiffsform dagegen liegen überall im Harburger Binnenhafen herum; die meisten fahren wohl noch, einige Eigner aber scheinen den Kampf gegen die Oxidation vor längerer Zeit aufgegeben zu haben. Ein Lichtblick in der romantisch-rostigen Tristesse ist die zum Wohnschiff umgebaute strahlend weiße HADAG-Fähre „Stadersand“ mit dem Bord-Café „Kleiner Ozean“, wo in unregelmäßigen Abständen musikalische Veranstaltungen stattfinden.

Ausgesprochen spannend finde ich auf dem Weg zum Binnenhafen die vielen über- und nebeneinandergeschachtelten Lagerhäuser in rotem Backstein. Industrieromantik pur, doch viele stehen leer. Wieso eigentlich? Wohnen & Arbeiten, Galerie, Museum, Restaurant, Musikklub, Atelier, Studentenwohnheim, vor allem Studentenwohnheim ... Lägen die Gebäude im Hamburger Hafen statt an dem von Harburg, längst wären sie von alternativen Projekten vereinnahmt und wieder zum Leben erweckt worden.

Überhaupt: Die Hamburger sind schuld daran, dass die Harburger sich fühlen wie die verarmte Verwandtschaft. Sie waren es, die Harburg nicht nur

buchstäblich das Wasser abgruben, sondern auch einen erheblichen Teil seiner Einnahmequellen. Mit einem sehr unfeinen Trick, der 450 Jahre zurückliegt. Die Städte Harburg, Stade, Buxtehude und Lüneburg hatten vorm Reichsgericht dagegen geklagt, dass die Hamburger die Elbschifffahrt dazu zwangen, die Route über die Norderelbe und damit über ihren Hafen zu nehmen. Um diesen weiter zu protegieren, ließ der Hamburger Rat eine Elbkarte anfertigen, die die Norderelbe als breiter auswies als die Süderelbe. Prompt sprach das Gericht 50 Jahre später der Hansestadt das alleinige Recht auf die Schiffszölle zu. Dabei ist eigentlich die Süderelbe der Hauptarm der Elbe. Bis heute führt sie mehr Wasser, trotz des 1908 gebauten Bunthäuser Leitdamms, der es zu gleichen Teilen um die Wilhelmsburger Insel lenken soll. Doch die Hamburger hatten die Norderelbe längst verbreitert, ihren Hafen ausgebaut und Handel und Schiffsverkehr weiter an sich gezogen, sodass die 300 Jahre zuvor gefälschte Karte endlich mit der Realität im Einklang war. Die Süderelbe floss langsamer und versandete. Im Gefolge ging es auch mit dem dank Schleuse tideunabhängigen Harburger Hafen bergab, Mitte des 19. Jahrhunderts einem der modernsten Europas.
Hamburg hätte also einiges gutzumachen am ehemals preußischen Harburg, das ihm erst 1937 durch das Groß-Hamburg-Gesetz der Nazis zugeschlagen wurde. Vor allem, wenn das mit dem „Sprung über die Elbe“ ernst gemeint ist. Das Archäologische Museum Hamburg hat bereits seinen Sitz in Harburg ebenso wie die renommierte Technische Universität mit ihren rund 7000 Studierenden. Und dann ist da auch noch der neue Technologie- und

Dienstleistungsstandort „Channel Hamburg“, der wie ein Phönix aus der Asche aus einer stillgelegten Seifenfabrik erwuchs. Gekauft hat sie Anfang der 1990er-Jahre der Wasser- und Hafenbau-Unternehmer Arne Weber, um sie für den eigenen Geschäftsbedarf flott zu machen. Kaum frisch geliftet, erregte sie das Interesse der Telekom. Das war der Startschuss für Investitionen im großen Stil. Peu à peu wandelte sich die von Müll, Verfall und Ratten geprägte Industriebrache zum wirtschaftlichen Vorzeigestandort mit erstklassiger Anbindung an die großen Verkehrsachsen. Heute spiegeln sich Rost und Rumpel des Hafens in den gläsernen Fassaden der Channel-Bauten, ein reizvoller Kontrast, der besonders in der beschaulichen Stimmung eines Sommerabends seine Wirkung entfaltet.
Und apropos „Phoenix“, auch das alte Werksgelände der gleichnamigen Gummifabrik mit ihren historischen Backsteinbauten birgt Tausende Quadratmeter Potenzial. Noch rollen dort die Reifen des Herstellers Continental vom Band, doch es ist absehbar, dass sie nicht ewig rollen werden. Seit dem Jahr 2001 schon ist in einer der ehemaligen Fabrikhallen die Sammlung Falckenberg ansässig, eine der weltweit renommiertesten Privatsammlungen mit Werken deutscher und amerikanischer Gegenwartskunst der letzten 30 Jahre.
Eine weitere Kultur-Adresse hat sich gerade erst in der Channel-Nachbarschaft etabliert: Der „Speicher am Kaufhauskanal“ hat von Lesungen bis Kammerorchester alles im Programm und kokettierte bei seiner Eröffnung im Sommer 2015 frech mit dem Titel „Kleine Elbphilharmonie“. Schließlich sitze man wie die große in einem ehemaligen Lagerhaus; aller-

dings sei man deutlich schneller und skandalfreier fertig geworden als die Kollegen „drüben". In Hamburg.

Und die Schlossinsel mit ihrem Rest-Schloss? Wartet darauf, endlich von einem solventen Prinzen entdeckt zu werden. Wie Aschenputtel.

Honigfabrik | *Kulturzentrum*
Industriestraße 125–131, 21107 Hamburg, T. 040 4210390
www.honigfabrik.de
Von der Margarineproduktion zum Kulturzentrum. Kaffee gibt's im „Café Pause".

Energiebunker Wilhelmsburg | *Aussichtspunkt/Café*
Neuhöfer Straße 7, 21107 Hamburg
Früher Flakturm, dann Kriegsmahnmal, heute Ökokaftwerk mit Panoramablick über Wilhelmsburg und Elbphilharmonie. 50-minütige geführte Touren finden sonnabends und sonntags um 14, 15 und 16 Uhr statt, Eintritt 4 €; die Karten und Waterkant-Kaffee aus eigener Röstung gibt's im Café Vju auf dem Bunkerdach.

Veloroute 11: Rathausmarkt bis TU Harburg | *Fahrradtour*
Eine sehr spezielle Tour durch Hamburgs Süden: per Fahrrad durch den Alten Elbtunnel, spannende Ausblicke auf die Containergebirge im Hamburger Hafen, Radeln über Brücken mit eigner Radtrasse und Schafe gucken auf dem Deich.
www.hamburg.de/radtour („Velorouten")

Bunthäuser Spitze mit Elbe-Tideauenzentrum
Moorwerder Hauptdeich 33, 21109 Hamburg, T. 040 75062831
www.goep.hamburg/umweltbildung/elbe-tideauenzentrum
Für Menschen, die richtig viel Zeit haben und ordentlich Wadenmuskeln (alternativ ein Auto), empfiehlt sich ein Abstecher zur Bunthäuser Spitze mit dem kleinsten Leuchtturm Hamburgs. Vom Energiebunker aus sind's knapp zehn Kilometer, also etwa eine halbe Stunde per Rad.

Café Kleiner Ozean
Harburger Hauptdeich 22, 21079 Hamburg, www.kleiner-ozean.de
Nur gelegentlich geöffnetes Café auf der ehemaligen HADAG-Fähre „Stadersand", die man auch für private Feste oder Urlaub mieten kann.

Speicher am Kaufhauskanal | *Kulturlocation*
Blohmstraße 22, 21079 Hamburg, T. 0151 12170938
www.speicher-am-kaufhauskanal.com
Kulturelles von klassischer Musik bis Lesung. Mangels Heizung finden Veranstaltungen nur von April bis Oktober statt.

Archäologisches Museum Hamburg | *Museum*
Stadtmuseum Harburg/Helms-Museum, Museumsplatz 2, 21073 Hamburg, T. 040 428713693, www.amh.de
Themenschwerpunkte sind die Archäologie Norddeutschlands und die Stadtgeschichte Harburgs. Klingt dröge, ist aber Archäologie zum Anfassen und Mitmachen. Bis Feb. 2018 läuft „Die Duckomenta – Meisterwerke mit Schnabel". Die augenzwinkernde Kunstausstellung präsentiert MomEnte der Weltgeschichte mit Duckfretete, Dötzi und Che Duckevara – ein Riesenspaß für die ganze Familie (Di–So 10–17 Uhr).

Sammlung Falckenberg | *Kunstaustellung*
Wilstorfer Straße 71, Tor 2, 21073 Hamburg, T. 040 32506762
www.sammlung-falckenberg.de
Die Privatsammlung mit Weltruf präsentiert deutsche und amerikanische Gegenwartskunst der letzten 30 Jahre. Ein Besuch ist nur im Rahmen geführter Rundgänge nach Voranmeldung möglich (z. B. über www.deichtorhallen.de/buchung)

Wo nicht nur Enten in der Elbe baden

Karibisches Entenwerder und die Wasserkunst Kaltehofe

„Enten-... WAS???“ Wenige Jahre ist es her, da hatte niemand, der nicht in der Gegend wohnte oder arbeitete, von der Halbinsel Entenwerder auch nur gehört. Comic-Analphabeten hätten es womöglich für das fiktive amerikanische Kaff gehalten, in dem der gerissene Dagobert Duck sein Geld zählt (und dabei wütend bis beleidigt die gleiche Schnute zieht wie der nicht ganz so fiktive Donald, der um die Ecke Präsident ist). Aber was sind schon Entenhausen und Dagobert mit seiner ganzen Kohle, vergleicht man es mit Entenwerder 1, dem neuen Low-Budget-Paradies mit Schrebergarten-Charme auf der Elbe. Östlich der Hamburger Elbbrücken liegt bzw. schwimmt es, gerade mal eine Viertelstunde per Rad von der HafenCity entfernt oder zu Fuß von der S-Bahn-Haltestelle Rothenburgsort. (Noch dichter dran ist ab Ende 2018 die neue S-Bahn-Haltestelle Elbbrücken).

Anfangs nur erste Adresse für die Flaneure und Lebenskünstler aus Hamburgs Osten, hat Entenwerder 1 am südöstlichsten Zipfel des Elbparks Entenwerder sich nur einen Sommer später bereits Kultstatus erobert; das Geheimtipp-Dasein der ehemaligen Zollstation für den Freihafen jedenfalls ist so gut wie dahin. Vor allem an sonnigen Wochenenden hängt die halbe Stadt hier ab. Na ja, fast. Das Prinzip ist das gleiche wie beim Bulln in Blankenese: Kiosk auf Schwimmponton plus Elbflair auf die abgewetzte Art. Vintage nennt sich dieser Mix, ist extrem angesagt und erinnert in der Entenwerder Variante an ein tropisches Inselchen, auf dem sommers eine hippe Bacardi-Meute beseelt ins Nirwana dümpelt, mindestens aber in den Sonnenuntergang. „Ich will mit!", denkt man unweigerlich, blickt man zwischen den Bögen der hundert Jahre alten Stahlbrücke zum Ponton hindurch auf das farbenfrohe Ensemble. Meinetwegen auch mit Rhabarberschorle statt Bacardi.

Stilecht besteht der Entenwerder „Kiosk" im Karibik-Look aus zwei Containern in Sorbet-Rosa, die wohl mal annähernd hanseatisch blau waren. Davor und daneben (und bei richtig miesem Wetter auch darin) sitzt man auf einem herrlich schrabbeligen Sammelsurium aus Omas alten Gartenmöbeln, ergänzt durch hölzerne Vierkant-Kolosse, die in ihrem früheren maritimen Leben als Duckdalben Dienst taten. (Für Leicht-Matrosen: Das sind hochkant im Wasser stehende Holzpfähle, an denen Schiffe festmachen können.) An den Pontonenden ragen dicke rostige Poller in den Himmel und verleihen dem floßartigen Gebilde, vom Ufer aus betrachtet, die Optik eines Dampfschiffs. Tendenz Seelenverkäufer. Struppiges Original-Hamburger-Grünzeug statt Palme und rostige Blumenkästen mit gewagtem botanischen Kuddelmuddel veredeln das Ensemble. Fazit: Was der Blankeneser Bulln seinen Fans im

Westen der Stadt, ist der ehemalige Zollanleger Entenwerder 1 den seinen im weniger geschniegelten postindustriellen Osten.

Der Clou aber – ein Eldorado auf der Elbe – ist ein achtzehn mal sechs Meter großes güldenes Objekt, das sich zwölf Meter hoch mitten auf dem Ponton erhebt und aussieht wie eine dreidimensionale Lochkarte aus der Steinzeit der Computer-Ära. Bei dieser „Lochkarte" handelt es sich um eine über drei Etagen begehbare, transparent und luftig wirkende Skulptur aus goldfarbenem Messing, 2007 noch im Skulpturenpark Münster beheimatet. In der ersten Etage beherbergt sie neben einer Reihe Airbus-300-Flugzeugsitze der Business Class eine gläserne Vitrine mit gewaltigem Uhrwerk aus dem Jahr 1881, parterre eine Bar plus lang gestreckte Tafel, die man für Feste und Veranstaltungen mieten kann. An ihrer Längsseite mit Blick Richtung Peutehafen lädt eine Reihe metallener Klappsessel wie aus dem Kino zum gepflegten Abhängen im Licht der Abendsonne ein. Zwar ohne die popofreundlichen plüschigen Polster, dafür aber mit 180-Grad-Panorama und maritimem Dolby-Surround-Sound.

Dabei braucht man die Sonne noch nicht mal. „Hier ist immer Sommer", sagt Thomas Friese, Betreiber des Modelabels Thomas-i-Punkt, der auf derselben Pontonanlage sein Design-Atelier für die Kult-Marke Omen betreibt und den „Goldenen Pavillon" vorm Wieder-Einschmelzen bewahrt hat. Überhaupt war er es, der den vom Zoll aufgegebenen Platz wiederentdeckt und zusammen mit Tochter Alexandra zur hippen Anlaufstelle in Rothenburgsort gemacht hat. „Ein unverbrauchter und unbestechlicher Ort", sagt er, unprätentiös im ehemaligen Arbeiterviertel

der Stadt gelegen. Gegenüber kleine Werften, eine Kakaofabrik und der Eingang zum Peutehafen, links das Sperrwerk Billwerder Bucht, das bei Sturmflut den Zufluss der Bille in die Elbe abriegelt, damit das Hinterland nicht absäuft.
Mehr Karibik geht nicht auf der Elbe, selbst *mit* Palme. Und dass hier gefühlt immer Sommer ist, würde sicher auch das gechillte Publikum sofort unterschreiben: von Teenie bis Tagesausflügler, vom 40-Something im zeitgenössischen Luis-Trenker-Look und auf Matterhorn-tauglichen Socken bis zur tough wirkenden Dame in Baggy-Hose und fortgeschrittenem Alter. Zum Chillen benötigt man an diesem zauberhaften Ort nicht zwingend ein Gegenüber. Mit oder ohne Buch geht das ganz wunderbar allein, denn zu gucken gibt es jede Menge. Nicht nur der Künstlertyp, der bei überbackenem Ziegenkäse an Blattsalat am Nebentisch aus dem Alltag abtaucht, auch Enten und Kormorane sind vorm Ponton beim Tauchgang zu besichtigen. Nebst Busladungen voller Zweibeiner, die mehrmals täglich hier in den Fluten der Elbe verschwinden – vor den staunenden Augen ihrer Artgenossen.
Kein Scherz: Unmittelbar neben dem östlichen Ende des Schwimmpontons geht ganzjährig der HafenCity RiverBus baden. Beim ersten Mal mag man seinen Augen nicht trauen, wenn das vollbesetzte Amphibienfahrzeug auf Stadtkreuzfahrt ungebremst die Rampe hinunterrollt und bis zur Fensterfront aufschwimmt. Kurz darauf findet man's fast schon normal und ist vielleicht ein bisschen froh, nicht mit an Bord zu sein und womöglich nasse Füße zu bekommen.
Durchs Bild schippert auch der Entenwerder Elbpiraten e.V., allerdings mehr über Wasser als drunter.

Das ebenfalls von Thomas Friese ins Leben gerufene Projekt ermöglicht Kindern aus dem Viertel, zum Nulltarif segeln zu lernen und sich die Wasserwelt vor der Haustür zu erobern. Am Mittwoch- und Freitagnachmittag tummelt sich das Opti-Geschwader unter Aufsicht von Übungsleiter Jochen Holzkamp vorm Ponton und macht mit rasanten Manövern allzu selbstvergessenen Enten Beine. In Zukunft soll man Ponton und Piratenflotte sogar von weit oben betrachten können: Die Stadt hat gerade grünes Licht gegeben für den Bau des 200 Meter hohen Elbtowers, ein skulpturales Hochhaus an den Elbbrücken, quasi als optisches Gegengewicht zur „Elphi" am Westende der HafenCity. Aber Superlative aus der Abteilung „höher, teurer, größer" sind nicht so mein Ding. Lieber fröne ich der Flussschiffer-Romantik um den Ponton live vor Ort, am besten von mittendrin.

Obwohl: Nähme man einen halben Kilometer weiter südöstlich die Elbinsel Kaltehofe ins Visier, hätte der Blick von oben tatsächlich Sinn. Nähert man sich dem knapp zwei Kilometer langen Stückchen Land über das Bille-Sperrwerk nämlich zu Fuß oder per Rad, gibt es sich eher unscheinbar und zugeknöpft. Erst aus der Vogelperspektive offenbart es sein Geheimnis: mehrere Reihen großer quadratischer Wasserbecken, die den Himmel auf das Eiland spiegeln und es aussehen lassen wie ein futuristisches Schachbrett. Was ist das? Landeplatz für ein Geschwader Ufos? Die entlegenste Badeanstalt der Stadt mit einem eigenen Becken für jeden einzelnen Besucher? Keineswegs. Es handelt sich um die verbliebenen 20 von ehemals 22 Filtrationsbecken der

Wasserkunst Hamburg, 1990 aufgegeben und seither ein Biotop für Gefiedertes aller Art.
Das geheimnisvolle Nass der Insel ist nicht nur zahlreichen Zugvögeln aufgefallen, die auf ihren Langstreckenflügen via Hamburg die wässrige Landebahn von Kaltehofe gern für einen Zwischenstopp nutzen, auch 44 einheimische Vogelarten brüten dort jedes Frühjahr. Während die Insel 21 Jahre lang im Dornröschenschlaf lag, weil nicht öffentlich zugänglich, konnten sich in ihrem Süßwasserparadies Kuckuck, Nachtigall, Dorngrasmücke & Co. ungestört entfalten. Nebst einem Drittel aller in Deutschland heimischen Fledermausarten – Zutritt für alle ohne Flügel nicht möglich. (Ja doch, mir ist bekannt, dass Fledermäuse Säugetiere sind und keine Vögel. Während es sich bei der seltenen Dorngrasmücke um einen Vogel handelt und nicht um ein Insekt.)

Aber „Wasserkunst Hamburg"? Was soll das sein? Die ganze Stadt ist doch Wasserkunst, insbesondere für eine Original-Landratte wie mich. An dieser Stelle muss man erst mal die Begrifflichkeit klären, für alle übrigen Landratten und womöglich auch für die Hamburger selbst: Schon in mittelalterlichen Burgen und Schlössern verstand man unter Wasserkunst ein System zur Wasserversorgung. Erst im 18. Jahrhundert wurde der Begriff auf die künstlerische Inszenierung von Wasser in Form von Springbrunnen, Wasserspielen und künstlichen Kaskaden ausgedehnt. Im Städtebau bezeichnete er die Einheit aus Pumpwerk und Wasserbehälter, später auch des gesamten Röhrensystems.
Die Wasserkunst Hamburg regelte nach damals revolutionären Sielbauplänen des britischen Inge-

nieurgenies William Lindley ab 1848 die Versorgung der Stadt mit Elbwasser neu. Bis dahin hatte man das Wasser zum täglichen Gebrauch den durch Kot und Unrat stark verschmutzen Fleeten sowie der ebenso belasteten Alster entnommen, in die dort ansässige Handwerksbetriebe wie die Färber ihre mit Arsen und Blei angereicherten Abwässer leiteten; alles zusammen floss hübsch vermengt in die Elbe. Nachdem der große Brand von 1842 ein Drittel der Stadt zerstört hatte, bot sich die Möglichkeit zu einer grundsätzlichen Neuregelung der Wasserver- und vor allem -entsorgung. Binnen weniger Jahre baute man nach Lindleys Konzept das erste kontinentaleuropäische Abwassersystem, ein unterirdisches Röhrennetz aus gemauerten Ziegeln, das teilweise mit Booten befahrbar war und zu einer technischen Attraktion der Hansestadt wurde.

Das Frischwasser speiste sich aus der Elbe. Auf dessen Reinigung per Sandfilter hatte man aus Kostengründen zunächst verzichtet; in drei Becken konnte sich lediglich der Elbschlamm absetzen, bevor das Wasser vom Wasserturm Rothenburgsort aus in die Hamburger Haushalte gepumpt wurde. Dies führte nicht nur dazu, dass allerhand Elb-Getier aus den Leitungen kam – „Aale frisch aus Willis Wasserleitung“ pflegten die Händler auf den Märkten zu frotzeln –, sondern weitaus schlimmer und vor allem unsichtbar: schädliche Mikroorganismen.

Erst nach der verheerenden Choleraepidemie von 1892 mit über 17 000 Infizierten, von denen die Hälfte starb, begann man, das Elbwasser mittels einer ausgeklügelten Sandfiltrationsanlage zu reinigen. Bereits ein Jahr später ging mit dem Wasserwerk Kaltehofe Hamburgs künftiges Bollwerk gegen

Typhus und Cholera in Betrieb. Fast hundert Jahre lang versorgte es die Stadt mit keimfreiem Trinkwasser. Die imposante Gründerzeitvilla auf dem Gelände war Außenstelle des Hygienischen Instituts, das die Wasserqualität kontrollierte. Seit 2011 beherbergt sie einen Teil des Museums Wasserkunst Kaltehofe und gilt zusammen mit den Filtrierbecken und den wilhelminischen Schieberhäuschen als Industriedenkmal, das die Geschichte der Hamburger Brunnen, Fontänen und Kaskaden bewahrt. Über die Schieberhäuschen wurden die Wasserstände in den Becken reguliert. Sie stammen von Franz Andreas Meyer, dem Erbauer der Speicherstadt.

Auf Kaltehofe schließt sich übrigens auch der Kreis zu einem der bekanntesten Brunnen Hamburgs, dem Hygieiabrunnen im Innenhof des Hamburger Rathauses. Ende des 19. Jahrhunderts widmete man ihn dem Gedenken an die Opfer der Cholera, nachdem dort ursprünglich Merkur gehuldigt werden sollte, dem römischen Gott des Handels. Der ist bekanntlich für Hamburg auch nicht ganz unwichtig. Von Hygieia, einer Göttin der Gesundheit und Tochter des Asklepios, zu deutsch Äskulap und Gott der Heilkunde, leitet sich der Begriff Hygiene ab. Seit 1894/95 wacht Hygieia zwischen Rathaus und Handelskammer über die Gesundheit der Hamburger. Die Privatisierung der Hamburger Kliniken unter dem Namen ihres Vaters Asklepios im Jahr 2004 konnte sie allerdings auch nicht verhindern – die Nähe zur Handelskammer war wohl doch zu groß.

Auch Herr Lindley hat noch sein wohlverdientes Denkmal bekommen, allerdings nicht ganz so prominent gelegen: am Elbufer bei der U-Bahn-Station

Baumwall, in unmittelbarer Nähe zu einem Einstieg in die Kanalisation! Mit Bauplan in der Hand (statt Aal) steht er neben dem charmanten, kleinen Jugendstilbau von 1904, in dessen Katakomben man kürzlich einen eigens für seinen Namensvetter Wilhelm II. eingerichteten Raum entdeckte. Der technik- und fortschrittsbegeisterte Kaiser sollte sich dort umziehen können – für eine unterirdische Bootstour in William Lindleys Sielen.

Elbcafé Entenwerder 1
Entenwerder 1, 20539 Hamburg, T. 040 70293588
www.facebook.com/entenwerder1
Coolster Ort zum Abhängen in Hamburg. Leckere Snacks an Treibholzmöbeln plus Omas abgewetzte Schrebergartenbestuhlung. Täglich ab 11 Uhr geöffnet.

Elbe-Radwanderweg
Der Einstieg in den neuen Elbe-Radwanderweg liegt am östlichen Ende der HafenCity zwischen Deichtorhallen und Spiegel-Haus an der Ericusspitze; von der Oberbaumbrücke kommend rechts ab radelt man dort den Elbdeich entlang und unter den Elbbrücken hindurch bis zum Elbpark Entenwerder.

Wasserkunst Elbinsel Kaltehofe | *Industriedenkmal, Naturpark, Museum*
Kaltehofe-Hauptdeich 6–7, 20539 Hamburg, T. 040 788849990
www.wasserkunst-hamburg.de
Die Wasserkunst Kaltehofe war eine der modernsten Wasseraufbereitungsanlagen. Heute Industriedenkmal, Café, Naturoase (April bis Oktober Di–So 10–18 Uhr, November bis März 10–17 Uhr).

Nach Kaltehofe schippern

Von April bis Oktober ist Kaltehofe sonntags auf dem Wasserweg zu erreichen: mit der Maritime Circle Line (ab Landungsbrücken um 12, 14 und 16 Uhr). Auf dem Rückweg (ab Kaltehofe um 12.50, 14.50 und 16.50 Uhr) hält die Barkasse auch in Entenwerder und bei der Elbphilharmonie (www. maritime-circle-line.de). Oder man geht an Bord des **HafenCity RiverBus**. Die 70-minütige Stadtkreuzfahrt startet am Brooktorkai 16 in der Speicherstadt. Achtung: keine Bordtoilette (www.hafencityriverbus.de).

WasserForum | *Wassermuseum*

Billhorner Deich 2, 20539 Hamburg, www.wasserkunst-hamburg.de
So 10–16 Uhr

Wem es bislang noch nicht wässerig genug war, der wird hier glücklich. Im ehemaligen Pumpenhaus beim 1864 errichteten, weithin sichtbaren 64 Meter hohen Wasserturm auf dem Betriebsgelände der Hamburger Wasserwerke in Rothenburgsort können Sie erleben, wie früher die Wasserver- und -entsorgung funktionierte und wie die Hamburger Haushalte und Industriebetriebe heute mit dem Lebenselixier versorgt werden. Super bei Regenwetter und mit Kindern.

Wasseridylle mit 1960er-Jahre-Flair

Die Billerhuder Insel

Sie sind auf Augenhöhe. Mannshoch, misstrauisch und mitunter in Kompaniestärke blicken sie einem entgegen. „Du bleibst draußen!", signalisieren sie eifersüchtig von ihrem privilegierten Standort aus. „Das hier ist privat." Fast möchte man in Habachtstellung gehen vor den rotbemützten Hütern der Grundstücke, die ihnen anvertraut sind. Den Gartenzwergen. Privat wäre man auf der Billerhuder Insel im Südosten von Hamburg allerdings auch gern. Am liebsten für immer und ewig.

Die Zeit scheint stehen geblieben zu sein an diesem idyllischen Fleck. Und zwar vor ungefähr fünf Jahrzehnten und unbemerkt vom Rest der Stadt. Verschlafenes 1960er-Jahre-Flair bestimmt die Atmosphäre der Insel im Stadtteil Rothenburgsort im Mündungsgebiet des Flüsschens Bille in die Elbe. Welch Luxus in unserer hektischen, kommunikationsgesättigten Zeit. Kaum hat man über die Braune Brücke einen Fuß auf sie gesetzt, befindet man sich selbst im Slow-Down-Modus, fühlt sich entschleunigt, als tickten die Uhren hier nur halb so schnell wie anderswo oder quittierten gleich komplett den Dienst.

Umflossen vom Bullenhuser Kanal auf der einen und der Bille auf den anderen beiden Seiten, verströmt das Inseldreieck mit den weichen Rundungen eine Ruhe und einen Frieden, wie man sie mitten in der Stadt, umzingelt von Industrie, Autobahnzubringern und Eisenbahnbrücken, nicht vermutet hätte. Privat hier wohnen dürfen allerdings nur wenige, und die sterben langsam aus. Eher unfreiwillig sind sie vor knapp 70 Jahren auf der Insel gestrandet: durch die alliierte Operation Gomorrha, die größte Katastrophe in Hamburgs Geschichte. Im Feuersturm vom Juli 1943 wurden die Stadtteile Rothenburgsort und Hamm mit ihren Industrieanlagen und der engen Wohnbebauung für die Arbeiter fast vollständig ausgelöscht. So wie das Leben dort. Übrig blieben rauchgeschwärzte Fassaden, die skelettartig in den Himmel ragten, die Erdoberfläche durch die Hitzeentwicklung verglast. „Totalschadengebiet“ hieß das im Amtsdeutsch der Zeit. Tausende Tote waren Teil dieses Totalschadens.

Denjenigen, die das Grauen überlebt hatten, wurde die Billerhuder Insel neue Heimat. Als sie nach dem Krieg offiziell für Behelfsheime freigegeben wurde, bauten Ausgebombte und Vertriebene sich dort ihre Häuser selbst. Sie durften bleiben, als die Insel sich zu Hamburgs größter Kleingartenkolonie entwickelte und zahlreiche Boots- und Angelvereine sich ansiedelten. „Costa Billa“ oder „Klein-Venedig“ nannte man die Gegend liebevoll. Die ehemaligen Behelfsheime sind inzwischen zu begehrten Freizeitobjekten geworden. Eine der Parzellen am Wasser und mit eigenem Bootssteg zu ergattern – für

eine jährliche Pacht im niedrigen dreistelligen Eurobereich – kommt einem Sechser im Lotto gleich. Gibt ein Wohnrechtinhaber seinen Anspruch aus der Nachkriegszeit auf, wird seine Parzelle automatisch zum Schrebergarten. Wohnen ist dann laut Bundeskleingartengesetz verboten!
Doch wer verzichtet freiwillig auf ein solches Paradies? Blumen-, Gemüse- und Kräuterbeete überziehen die Insel, Obstbäume, Himbeerhecken, Bohnenstangen und, passend zu den Gartenzwergen, jede Menge Tagetes gegen die Schnecken – die sollen als „Ablenkfütterung" helfen. Dass Touristen es meist links liegen lassen, das Paradies, und auch viele Hamburger es nicht kennen, kann Anwohnern und den glücklichen Kleingärtnern nur recht sein. Folgerichtig gibt es weit und breit kein Café oder wenigstens einen Kiosk. Proviant sollte man daher dabeihaben, sofern man tagsüber kommt. Ab dem späten Nachmittag jedoch kann man überall auf den Stegen der Kanu- und Ruderbootvereine bei einem Alsterwasser die Beine in der Bille baumeln lassen.
Eine Oase der Ruhe war die Gegend um die Billerhuder Insel schon früher einmal. Für Gutbetuchte zumindest. Ab der Mitte des 17. Jahrhunderts, lange bevor die hanseatischen Kaufleute und Honoratioren den Hamburger Westen für ihre Sommerresidenzen und Villen entdeckten, ließen sie sich im von Kanälen durchzogenen Gebiet um die Bille ihre Landsitze errichten. Wunderschöne Barockgärten inklusive. 150 Jahre später, im 19. Jahrhundert, verleibten sich Industrie und der wachsende Hafen das Areal an den Kanälen ein, die sich daraufhin zu viel befahrenen Transportwegen entwickelten.

Und heute? Kehren peu à peu Wohnen und Arbeiten zurück an die angestammten Adressen. Das alte Ufer der Bille ist gesäumt von brach liegenden Industriegebäuden in Backstein-Optik. Unweigerlich zieht es Kreative an, bildet doch die Verbindung von Flussidyll und Industrieromantik eine unwiderstehliche Kombination. Eine Kombination mit Potenzial, die sich übrigens ganz bequem mit einem Pott Kaffee vor der Nase während einer Bille-Safari erkunden lässt. Organisiert werden die von Stadtplanern kenntnisreich geleiteten Barkassen-Ausflugsfahrten im Rahmen des „Hamburger Architektursommers" vom Museum für Hamburgische Geschichte.

Ich bin froh, dass ich ihn schon vor der Safari gefunden habe, diesen ungewöhnlichen Ort abseits der üblichen Routen. Zu danken habe ich das meiner Tochter, denn auf dem Weg zu Hamburgs einzigem Verkehrsübungsplatz, in Rothenburgsort, entdeckten sie und ihr Vater ein Hausboot an der Bille. Und was für eins! „Da musst du mal hin", hieß es unisono, als die zwei zurückkamen. Unbedingt musste ich das, spielt doch eins meiner Kinderbücher auf einem Hausboot, der ehemaligen Elbfähre „Sankt Pauli". Das Hausboot an der Bille allerdings übertraf meine kühnsten Erwartungen und geriet fast zum Déjà-vu. In leuchtendem Lila – mit Geranien auf der Bootsveranda wie in meinem Buch! – lag es vor der mehrstöckigen Rotklinker-Wohnhaussiedlung am Ufer. Geradezu winzig und komplett fehl am Platz, als wäre es den Landschaftsarchitekten des Miniatur Wunderlands in der Speicherstadt versehentlich dort aus der Hand gepurzelt. Hätte Pippi Langstrumpf auf einem Hausboot gelebt statt in der Villa Kunterbunt, so ähnlich hätte es wohl ausgeschaut.

Billesafari | *Bootstour*
www.billesafari.de
Mehrstündige Bootstour im Rahmen des alle drei Jahre stattfindenden Hamburger Architektursommers. Der nächste Architektursommer wird 2019 veranstaltet, einmalig nach vier statt wie bis dato drei Jahren. Ab 2019 geht's im Triennale-Takt weiter.

Bergedorfer Schiffahrtslinie Buhr GmbH | *Barkassenfahrt*
Alte Holstenstraße 64, 21029 Hamburg, www.barkassenfahrt.de, Bille-Fahrt von Hammerbrook nach Bergedorf oder umgekehrt.

Dreifaltigkeitskirche Hamm
Horner Weg 5, 20535 Hamburg, unweit U-Bahn-Station Hammer Kirche
www.hammer-kirche.de
In den 1950er-Jahren als Nachfolgebau für die 1943 zerstörte Hammer Kirche von 1693 errichtet, gilt sie als wegweisend für den Kirchenbau der Nachkriegszeit. Die symbolträchtige Architektur (Entwurf Reinhard Riemerschmid) in Form von Alpha und Omega, dem ersten und dem letzten Buchstaben des griechischen Alphabets, empfängt den Besucher quasi mit offenen „Armen“ und steht für Jesu Selbstbeschreibung als Anfang und Ende der Welt.

N
500 m
Bismarckstein
192
BLANKENESE
185
Treppenviertel
177
Op'n Bulln
172
Hirschpark
172
Mühlenberg
141
Ottensen
Elbe
Elbe
160
Neumühlen/
Övelgönne
7
7
Die Nummern bezeichnen die
Seitenzahlen der Kapitelanfänge

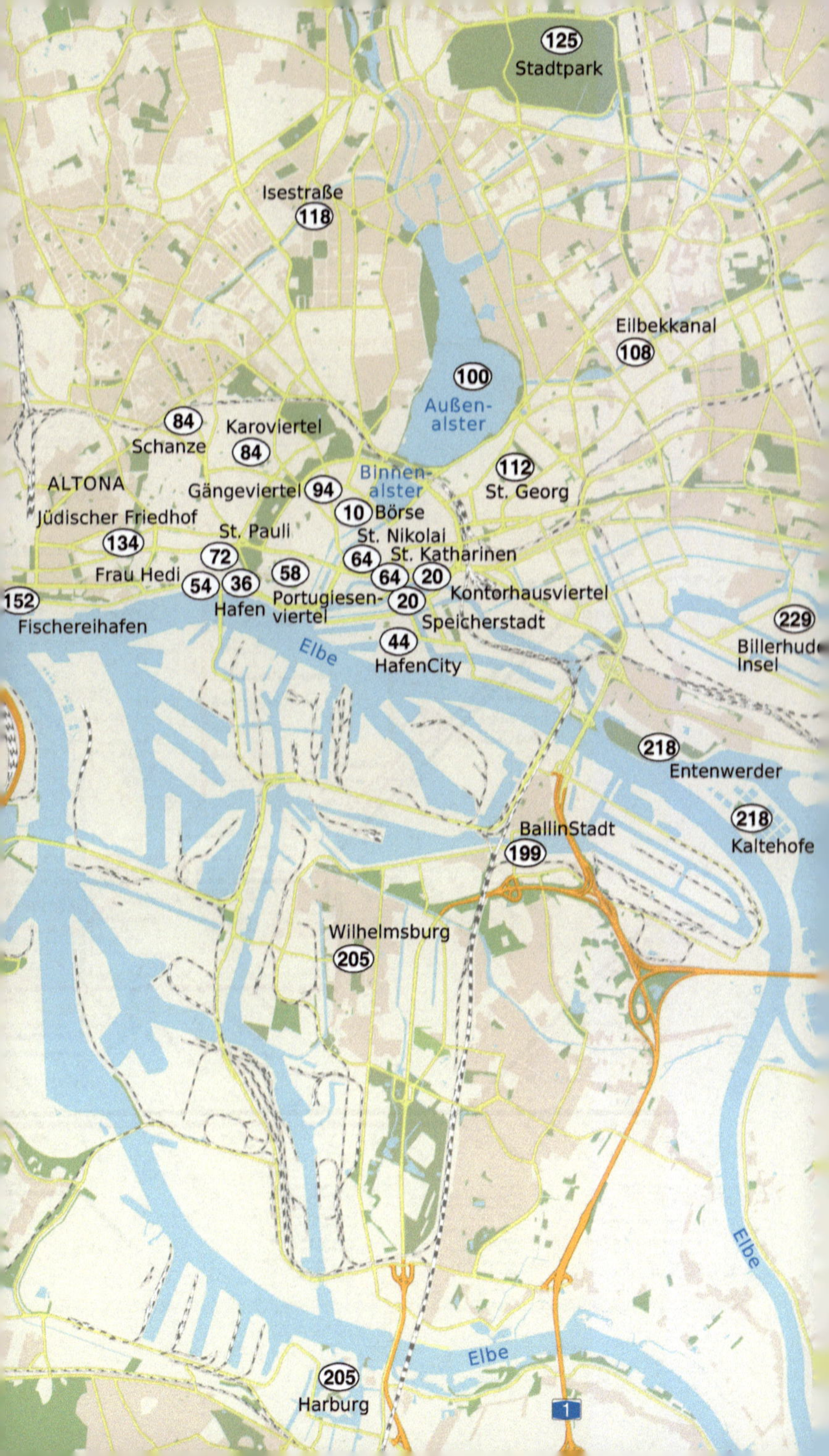
125
Stadtpark
Isestraße
118
Eilbekkanal
108
100
Außen-
alster
84
Schanze
Karoviertel
84
ALTONA
Binnen-
alster
112
St. Georg
Gängeviertel
94
10
Börse
Jüdischer Friedhof
134
St. Pauli
St. Nikolai
72
64
St. Katharinen
Frau Hedi
54
36
58
64
20
Kontorhausviertel
152
Fischereihafen
Hafen
Portugiesen-
viertel
20
Speicherstadt
229
Billerhude
Insel
Elbe
44
HafenCity
218
Entenwerder
218
Kaltehofe
BallinStadt
199
Wilhelmsburg
205
Elbe
Elbe
205
Harburg
1

Richtung Neumünster/Kiel/Flensburg
RE7/RE70/RB71
Dauenhof
Horst
RE7/RE70/RB71
Richtung Neumünster
Boostedt
Großenaspe
Wiemersdorf
Bad Bramstedt
Bad Bramstedt Kurhaus
Lentföhrden
Nützen
dodenhof
Holstentherme
Kaltenkirchen
Kaltenkirchen Süd
A2
Alveslohe
Henstedt-Ulzburg
Ulzburg Süd
Langeln
Barmstedt
Tanneneck
Meeschensee
Haslohfurth
Quickborner Straße
Friedrichsgabe
Moorbekhalle
(Schulzentrum Nord)
Ellerau
Quickborn
Barmstedt Brunnenstraße
Voßloch
Quickborn Süd
U1
Richtweg
Garstedt
Ochsenzoll
Kiwittsmoor
Langenhorn Nord
Langenhorn Markt
Fuhlsbüttel
Klein
Bokholt
Hasloh
Sparrieshoop
U2
Langenmoor
Bönningstedt
Niendorf Nord
Schippelsweg
Joachim-Mähl-Straße
Niendorf Markt
Hagendeel
Hagenbecks Tierpark
Lutterothstraße
Osterstraße
Emilienstraße
Christuskirche
RE6/RB61/RB71
Richtung Itzehoe/Husum
Elmshorn
Burgwedel
Tornesch
Schnelsen
Prisdorf
Pinneberg
Hörgensweg
Thesdorf
Halstenbek
Krupunder
Elbgaustraße
Eidelstedt Zentrum
Hamburg Airport
(Flughafen)
S1
Sengelmannstraße
Alsterdorf
Lattenkamp
(Sporthalle)
Hudtwalckerstraße
Kellinghusenstraße
Eppendorfer Baum
Hoheluftbrücke
Klosterstern
Alster
Hallerstraße
Eidelstedt
Stellingen
Arenen
Langenfelde
Diebsteich
RE6/RE7/RE70/RB61/RB71
Hamburg AB
Schlump
Holstenstraße
Dammtor
(Messe/CCH)
Richtung Cuxhaven
RE5
S1
Wedel
Rissen
Sülldorf
Iserbrook
Blankenese
Hochkamp
Klein Flottbek
(Botanischer Garten)
Othmarschen
Bahrenfeld
Altona
RE6/RB71
Sternschanze
(Messe)
Messehallen
Feldstraße
(Heiligengeistfeld)
St. Pauli
Gänsemarkt
(Oper)
Stephansplatz
(Oper/CCH)
RE7/RE70/RB
Stadthausbrücke
Jungfernstieg
U2
U4
Himmelpforten
Hammah
S3
Stade
Agathenburg
RE5
Elbe
Königstraße
Reeperbahn
Landungsbrücken
Baumwall
(Elbphilharmonie)
Rödingsmarkt
Rathaus
Meßberg
Mönckeb
Dollern
Horneburg
Neukloster
Überseequartier
HafenCity Universität
RB33
Richtung Bremerhaven
RB33
RE5
Elbe
Kutenholz
Brest-Aspe
Bargstedt
Harsefeld
Ruschwedel
Apensen
Buxtehude
RB33
Neu Wulmstorf
Fischbek
S31
Neugraben
Neuwiedenthal
Heimfeld
Harburg Rathaus
RE4/
Sprötze
Tostedt
Richtung Bremen
RE4/RB41
Nur zeitweilig/limited services
A2
RE RegionalExpress-Linien halten nicht an jedem Bahnhof.
Not all regional trains stop at all stations.
switchh Punkte
Fernbahnhof
Main-Line Station
Haltestellen Schnellbahn-/Regionalverkehr
Rapid Transit-/Regional Rail Stations
Grenze von Hamburg AB
Hamburg AB Boundary
nicht im HVV
outside HVV network
Parken und Reisen
park and ride
Barrierefreier Zugang zu den Schnellbahnen
Infos zum barrierefreien Zugang zum Regionalverkehr unter Tel. 040/19 449.
Barrier-free access to the rapid transit trains
Information on barrier-free access to the regional trains on tel 040/19 449.

Schnellbahn-/Regionalverkehr
Rapid Transit/Regional Rail
HVV
hvv.de
Information · Fahrpläne | Timetables · Service
040/19 449
Richtung Neumünster RB 82
Rickling
Wahlstedt
Fahrenkrug
Bad Segeberg
Altengörs
Wakendorf
Fresenburg
Kupfermühle
Bargteheide
Gartenholz
Ahrensburg
Richtung Lübeck RE8 / RE80
Reinfeld
Bad Oldesloe RB 81 / RB 82
Richtung Lübeck RE 83
Ratzeburg
Mölln
U1
S1
Ohlstedt
Poppenbüttel
Hoisbüttel
Wellingsbüttel
Buckhorn
Hoheneichen
Volksdorf
Kornweg (Klein Borstel)
Meiendorfer Weg
Berne
Ohlsdorf
Farmsen
Rübenkamp (City Nord)
Trabrennbahn
Wandsbek-Gartenstadt
Alte Wöhr (Stadtpark)
Habichtstraße
Alter Teichweg
Straßburger Straße
Buchenkamp
Ahrensburg West
Ahrensburg Ost
Schmalenbeck
Kiekut
Großhansdorf
RE8 / RE80 / RB81
Rahlstedt
Tonndorf
Wandsbek
Hamburg AB
Borgweg (Stadtpark)
Saarlandstraße
U3
Barmbek
Dehnhaide
Friedrichsberg
Wandsbek Markt
Hamburger Straße
Mundsburg
Wandsbeker Chaussee
Uhlandstraße
Ritterstraße
Wartenau
Hasselbrook
Lübecker Straße
Landwehr
Lohmühlenstraße
Berliner Tor
Burgstraße
Hammer Kirche
Rauhes Haus
Horner Rennbahn
Legienstraße
Billstedt
Merkenstraße
Steinfurther Allee
Mümmelmannsberg
U2
U4
Nord
Hauptbahnhof
Central Station
Süd
Rothenburgsort
Tiefstack
Billwerder-Moorfleet
Mittlerer Landweg
Allermöhe
Nettelnburg
Bergedorf
Reinbek
Wohltorf
Aumühle RB 11
Friedrichsruh
Schwarzenbek
Müssen
Richtung Schwerin/Rostock RE1
RE1
RE1 / RB11
Büchen RB11
RE 83
Hammerbrook (City Süd)
Veddel (BallinStadt)
Wilhelmsburg
RE3 / RE4 / RE5 RB 31 / RB41
RE5
Elbe
Harburg
Hittfeld
Meckelfeld
Maschen
Klecken
Stelle
Ashausen
RE4 / RB41
Buchholz RB38
Suerhop
Holm-Seppensen
Büsenbachtal
RE3 / RB31
Winsen
Radbruch
Bardowick
Lüneburg RB31 / RB32 / RE83
Lauenburg
Echem
RE83
Wendisch Evern
Vastorf
Bavendorf
Dahlenburg
Neetzendorf
Göhrde
Leitstade
Hitzacker
Dannenberg Ost
RB32
RE3 / RB31
RE3 Richtung Uelzen
Stand: 11.12.2016 © HVV

Danksagung

Ein großes Dankeschön meiner wunderbaren Lektorin Annette Krüger, die mir sprachlich wie inhaltlich aber auch nichts hat durchgehen lassen. Und das gleichermaßen kenntnisreich wie behutsam.

Bildnachweis

Titel: huber images: o.r., u.l., u.r.; huber images/Gräfenhain: o.l.; Café Paris, Hamburg: o.m.
Airbus Hamburg: 184; Albers, Jürgen, Glückstadt: 70u.; Archiv Ellert-Richter: 150u., 157o., 157u.; Batz, Michael, Hamburg: 32; Bucerius Kunst Forum, Hamburg: 18; Buttler, Ingrid, Hamburg: 81, 83; Café Paris, Hamburg: 19o.; Eisenstein: 148; Fischereihafen Restaurant Hamburg: 159; Fotolia: 107 (FotoHamBorg), 132 (powell83), 156u. (Blickfang); frauhedi.de: 57; Hamburg Wasser: 228; Kaffeemuseum, Hamburg: 34o.; Kluyver, Urs, Hamburg: 105, 123, 176, 183, 191; Malzkorn, Stefan/St. Pauli Theater: 82; Miniatur Wunderland Hamburg: 34u.; Sautter + Lackmann Fachbuchhandlung: 17u.; Speicher am Kaufhauskanal: 217; Speicherstadtmuseum: 33o.; Spicy's Gewürzmuseum Hamburg: 33u.; stilwerk Center-Management GmbH: 158u.; Wikimedia Commons: 17o. (Emma7stern), 31o. (Sebastian Warneke), 31u. (Ajepbah), 35o. (Benutzer:Gulp), 35u. (Mbdortmund), 42 (Mehlauge), 43o. (Peter Haas), 43u. (Tony Webster), 51 (Hackercatxxy), 52 (Pauli-Pirat), 53o. (Spyrosdrakopoulos), 53u. (Flor!an), 63 (Thomas Wolf, www.foto-tw.de, CC BY-SA 3.0 DE), 69o. (Staro1), 69u.l. (Jörg R. Becker), 69u.r. (Thomas Fries, CC-BY-SA 3.0 DE), 70o. (Theaterschiff), 71 (Wo st 01), 92 (Jonke Suhr), 99 (Emma7stern), 106 (AltSylt), 111 (Claus-Joachim Dickow), 117 (Andreas Praefcke), 124 (Sebastian Koppehel), 133 (Soluvo), 140 (Presse03), 149 (Frank Schwichtenberg), 150o. (E.S. Myer), 151 (hansgeorg Schöner), 156o. (Klaus Bärwinkel), 158o. (Frank Schwichtenberg), 170 (Wolfgang Meinhart, Hamburg), 171 (Pauli-Pirat), 198 (Staro1), 216 (hh oldman), 227 (An-d), 233 (UweRohwedder); Zapf, Michael, Hamburg: 19 u., 204

Karin Baron
So schön ist Hamburg/
Beautiful Hamburg
deutsch/englisch
80 Seiten mit 90 Abb.
978-3-8319-0678-9

Welthafen und Strandidylle. Gründerzeitvillen und Szeneviertel. Gediegenheit und Rotlicht. All das ist Hamburg. Ein Ort der Kontraste zwischen Kiez und Kontor, Handelsmetropole und Dorf zugleich. Durch die Wasser von Elbe, Alster und Bille fein verblendet, wird die Stadt zum Gesamtkunstwerk – und zu einem der liebens- und lebenswertesten Orte der Welt. Durchstreifen Sie Hamburg, die Schöne mit den vielen Gesichtern: von der Hafencity mit dem neuen Wahrzeichen Elbphilharmonie bis an den Blankeneser Elbstrand, von der Speicherstadt bis ins quirlige Ottensen, vom imposanten Kontorhausviertel bis ins malerische Övelgönne mit dem gegenüberliegenden Hafen. Lassen Sie sich anregen durch die wunderbaren Bilder und vor allem: „Kiek mol wedder in“, wie der Hamburger sagt.

Impressum

Bibliografische Information der Deutschen Nationalbibliothek
Die Deutsche Nationalbibliothek verzeichnet diese Publikation in der Deutschen Nationalbibliografie; detaillierte bibliografische Daten sind im Internet über http://dnb.d-nb.de abrufbar.

ISBN 978-3-8319-0711-3

2. überarbeitete und ergänzte Auflage 2017

Lektorat: Annette Krüger, Hamburg
Gestaltung: BrücknerAping Büro für Gestaltung GbR, Bremen
Karte: THAMM Publishing und Service, Bosau
Gesamtherstellung: CPI books GmbH, Leck

www.ellert-richter.de
www.facebook.com/
EllertRichterVerlag